悲しまないで、そして生きて

愛する死者からのメッセージ

聖心会シスター・文学博士
鈴木秀子
Suzuki Hideko

グッドブックス

まえがき

かつて、私は『神は人を何処《どこ》へ導くのか』という本を出版いたしました。その後、読者の方々から八百通を超える長い長い手紙が届きました。

一通ごと、ていねいに読みながら、見知らぬ一人の人間を信頼して、おそらく時間をかけ、自分の心を確かめながら、心の奥深くの苦しみを著者の私に綴《つづ》ってくださった方々に、私は限りない尊敬と共感をおぼえました。

そして、祈りを求めるたくさんの方たちにも出会う機会を得ました。その中で、愛する人と永別された人たちや死の淵《ふち》に立った人たちが、思いがけない体験をされたことを私に語ってくださいました。

すでに世を去った方たちが、今そこにいるかのように目の前に現われ、あたたかいメッセージを伝えてくれた。自分を守り、導いてくれた——。

それは、他者から見ると、思い込みや幻想にすぎないと思われるかもしれませんが、本人にとっては真実そのものの体験です。科学的な説明は不可能かもしれない体験が、本人にとって幻想ではないという、たった一つの決め手は、この体験以後のその人の生き方にかかっています。

その人たちに共通しているのは、その特異な体験を機に、自分の内面が転換し、生きる方向を変えていったことです。死者との出会いが恵みとなり、その人たちは、今、自分に無償で与えられている命を慈《いつく》しみ、与えられている命ゆえに、自分という存在に尊い価値があることを自覚し、自らの生を輝かせていきます。

彼らの話をとおして、また、私が体験した臨死体験のことを思い出しながら、私たちは今、死は忌《い》むべきものという既成概念から解放され、〟死に対して新しい視点を持つべき時代〟に直面しているのではないか。

生は死から切りはなされたものではなく、死は生の延長線上に存在し、それゆえに、死は生の意味を閃《ひらめ》き見せてくれるのではないか――。

私はこのようなことをあらためて考えるようになりました。

臨死体験をして、光そのものを仰《あお》ぎ見、至福《しふく》に満たされたとき、いちばん先に感じたことは、「時間は存在しない。私は今、すべてを受け入れられ、愛しぬかれ、永遠の中に生きている」という実感であり、事実でした。

それ以来、私は目に見える世界だけがすべてではないという思いを強くいだくようになりました。

私たちは現実の世界だけを中心に置いて生きていますが、少し軸をずらしてみると、命はけっしてこの世で終わるのではなく、また、先に世を去った人たちと私たちとの人生が無関係なものではないことは、どなたもお気づきになられるのではないでしょうか。

聖書には、この世という〝さすらいの旅路〟を渡っていく人にとって大切なものは、「信仰」と「希望」と「愛」の三つであること、そして天国に入ったときには、もう信仰は必要なく、希望も実現し、愛のみによって生きはじめるとあります。

永遠の命を生きはじめた死者たちは、全人類が永遠の命の中で、愛によって繋《つな》がっていることを知っています。それがわからないのは、地上で生きている私たちだけなのです。

カトリックの信仰の一つに、「諸聖人の通功《つうこう》」というものがあります。これは、一人の人が苦しみやエゴを乗り越えて人間として成長すれば、その功徳《くどく》はその人のみにとどまらず、その人と繋《つな》がっている人類全体のレベルも上がっていくという考え方です。

聖人というのは立派な人物という意味ではなく、人間的な弱さを持ちながらも、エゴを超えて大きな愛を選びとっていく人たちのこと。そのような諸聖人たちが交わりを結ぶことで、愛の波動は人類全体に及んでいく。そして人類は神の定めた到達点、愛と調和の世界に向かっていくというのが、「諸聖人の通功」の意味です。

人類は、一人ひとりばらばらに生きているように見えて、実は一つのからだのような神秘体を形成しているのです。からだのどこか一部が悪くなれば、からだ全体で不調を感じるように、個人個人はけっして孤立した存在ではなく、他の人との連帯の中で生かされているのです。

人間は皆、「命」という神からの恵みによって、意識を超えた深いところで繋がっています。多くの人びとが孤独感や恨みや怒り、さまざまな葛藤《かっとう》を抱えながらも、心の奥底では皆、調和と幸せのうちに生きたいという本能を秘めているのです。

そのことが、至福の世界に生きる人たちの助けや導きによって、地上の人たちに察せられる瞬間があります。

この世で希望を持ち、愛によって生きようとする人たちに、人生の先輩である死者たちは形をとって教えてくれるからです。深いところで人間は繋がっているという希望と信仰を深めるために、励ましてくれるのです。たとえはっきりとした形で現われなくても、私たちはつねに死者たちの、目に見えない愛によって、一人ひとりがかけがえのない存在として見守られ、助けられています。

死者と生者のあたたかい絆《きずな》。それを教えてくれたのが、この本にまとめた体験者の話です。ご本人の了解を得たうえで、語ってくださった貴重な内容を、できるだけ肉声に近い形で忠実に書き留めたつもりです。ただしご本人に迷惑がかからないよう、名前や地名、状況などは必要に応じて変えさせていただきました。

鈴木秀子

目次

第三話　在《いま》すがごとく死者は語る

第四話　不倫の末に自殺した女性の真実

第九話　時空を超えて人びとを救いつづける永遠の命

第一話

ママ、悲しまないで

深夜零時三十分のピアノの調べ

時計の針が真夜中の十二時を回りました。

「あと三十分……」

成田芳江さんは読みかけの本を閉じ、目をつぶりました。しばらくすると、暗闇の中から娘の真理絵ちゃんがピアノに向かう姿が浮かんできました。小さな手で一生懸命、鍵盤《けんばん》を叩いています。何度もつかえては弾きなおしているうちに、真理絵ちゃんは泣きべそをかきはじめました。

「ママ、もう真理絵、ピアノやだ。ピアノなんか大嫌いっ」

「真理絵ちゃん、そんなこと言うとパパもピアノの先生も悲しむじゃない。パパは真理絵の発表会を楽しみにしているのに。さあ、もう一度、練習しましょ。そうしたら、おやつの時間にするから」

「やだ、やだっ！　真理絵はお外に行って遊びたい」

真理絵ちゃんは椅子から飛びおり、泣きじゃくりながら床に座り込みました。涙を溜《た》めた大きな瞳《ひとみ》が芳江さんにせつせつと訴えています。そのときの光景を芳江さんはありありと思い出していました。

「毎日、外で遊びたがっていたのに、ピアノのレッスンばかりさせてしまった。わずか五年の命だとわかっていたら、もっとのびのびと自由にさせたのに……」

真理絵ちゃんは五歳のときに小児癌《がん》に冒《おか》されていることがわかり、入院後まもなくして亡くなりました。

芳江さん自身も、幼いころからピアノを習っていました。ですから、ほかの子どもたちが遊んでいるのに、ピアノの練習をしなければいけなかったときの気持ちは、よく覚えています。

けれども、東京のK音楽大学を出た芳江さんは、レッスンをつづけているうちにピアノを弾く楽しみを覚え、音楽が人生を豊かに彩《いろど》っていくことも知っていました。自分が経験したように、娘も成長したときに、ピアノを弾く喜びを味わってほしい。そう願って、自分も娘の横に座り、熱心に練習をさせていたのです。

「娘はつらい思い出だけを抱えて、死んでしまったのだろうか」

そう考えると、切ない思いで胸が締めつけられました。

芳江さんはゆっくりと目を開けました。時計の針はちょうど十二時三十分を指そうとするところでした。そして、じっと耳を澄ませました。どこからか、ピアノの旋律《せんりつ》が流れてきます。

「ああ、今晩も聞こえてきた」

彼女はほっとして、いつしかその音色に聴き入っていました。

流れてきたのは、バイエルの練習曲で、真理絵ちゃんが亡くなる直前に弾いていた曲でした。けれども、娘のつたない弾き方とは違います。力強さとやわらかさがみごとに使い分けられ、感情が込められた、うっとりするような音色です。

ピアノの旋律は、翌日も、夜中の十二時半になると、どこからともなく聞こえてきました。前日の曲の次の練習曲です。

天才ピアニストが弾く音色

真夜中のピアノが聞こえてきたのは、真理絵ちゃんが召《め》されてから一週間くらい経った日でした。芳江さんは、ピアノの音に息が止まりそうになり、じっと耳を澄ませました。たしかに娘が取り組んでいたあの曲です。

幻聴ではないかと自分の耳を疑い、ラジオを付けていたのではと確かめてみたりもしました。夫にもピアノの音が聞こえるかどうか尋ねました。

「幻聴なんて、ずいぶん変なことを言うね。このマンションに住んでる誰かが弾いているんだろう。それにしても、真夜中にピアノの練習をするなんて、周囲の迷惑も考えてほしいものだ。まあ、きれいなメロディだから許せるけれど……」

「でも、子どもがそんなに夜遅くまで起きて、ピアノの練習をするものかしら……」

「子どもとは限らないじゃないか。こんな時間に、小さな子どもがピアノを弾くわけないだろ。きっと、ピアノの先生が、教える曲をおさらいしてるのさ」

芳江さんの苦悩を知る夫は、努めて冷静な返事をしているようでした。けれども、芳江さんは、ピアノを弾いているのは幼い子どもにちがいないという確信めいたものがありました。

芳江さんは真理絵ちゃんが生まれる前まで、近所の子どもたちに趣味でピアノを教えていました。ですから、子どもが弾くピアノの音色は聞き分けられるのですが、そういった経験よりも、直感で「絶対に子どもが弾くピアノだ」と感じたのでした。

翌日、同じマンションに住む何人かに聞いてみましたが、真夜中のピアノに気づいている人はいませんでした。最初の二、三日はいぶかしがっていたのですが、毎晩聞いているうちに、だんだんとピアノの音色に惹《ひ》き込まれていきました。芳江さんにとって、それはやすらかに眠りへと導いてくれる子守唄のようなものだったのです。

いつしか芳江さんは、真夜中のピアノの調べを心待ちにするようになっていました。最初のうちは上手だけれども、子どもが弾いているとわかるかわいらしい音色でした。

ピアノの腕は、日を追うごとにますます磨きがかかり、まるで天才ピアニストが弾いているようでした。芳江さんは音色に聴き入っているうちに、孤独感を慰められ、娘の死も静かな気持ちで受け入れられるようになりました。年端《としは》もいかない娘にピアノのレッスンを強《し》いてしまったという自責の念も、少しずつ薄らいでいきました。

母を慰めに現われた娘

三週間ほど経ったある晩、ピアノの音はふっと聞こえなくなりました。その夜、芳江さんは朝方までなかなか寝つけませんでした。そして、真夜中の調べは、芳江さんの耳に二度と届くことはありませんでした。

それからというもの、切なさが再び芳江さんに押し寄せてきました。もう一度、あのピアノの音を聞きたい……芳江さんの願いは、日を追うごとに大きくなっていきます。

「今夜もピアノの音がしなかった」

　がっかりしながら眠りについたある晩、芳江さんは夢を見ました。真理絵ちゃんが、白いレースの襟《えり》の付いた黒いビロードのワンピースを着ています。ピアノの発表会のために、芳江さんが作った晴れ着でした。

「ママ、私ね、一生懸命、ピアノのお稽古《けいこ》をしたの。ママが夜、寝る前にいつも練習したのよ。ママは私がいなくなってから悲しそうだったから、慰めてあげたいと思ったの。一生懸命、お稽古をしたからピアノが上手になったでしょ。でもママも私がいなくても、もう大丈夫になったから、ピアノのお稽古をやめたのよ。

　ママ、私はね、五歳で死んじゃうことは初めから決まっていたの。私はママの子どもで嬉しかった。もうママは悲しまないでね。幸せに生きてね」

　夢の中の真理絵ちゃんは、五歳の子どもとは思えないようなしっかりとした口調でこう言いました。

「真理絵、ありがとう。ママはもう大丈夫。ママが寂しい思いをしていると、天国のあなたも悲しい気持ちになるのがわかったから。真理絵のおかげでママもしっかりと生きていかなきゃいけないってわかったわ。ありがとう」

芳江さんは、夢の中で自分の娘と久しぶりに再会したのです。

目覚めたとき、彼女は包み込まれるようなあたたかい気持ちで満たされていました。まるで娘からエネルギーをもらったかのように、新鮮な息吹きをからだに感じました。

死んだ娘からの贈り物

「ピアノを寄贈してくれる人を探しています」

その日の朝、新聞を広げたとき、芳江さんの目に小さな見出しが留まりました。ある地方の養護施設が、子どもたちのためにピアノを寄贈してほしいという内容でした。

「真理絵のピアノを贈ってあげよう」

芳江さんはすぐにそう思い、その養護施設に申し出ました。

ピアノを送ってからしばらくして、芳江さんのもとにお礼の手紙が届きました。

「素晴らしいプレゼントをしていただき、子どもたちはみんな喜んでいます。ピアノの伴奏に合わせて歌を歌ったり、遊戯をしたりできるようになり、子どもたちの目が輝くようになりました。クリスマス・パーティのときに撮影いたしました写真を記念にと思い、お送りさせていただきます」

封筒の中には一枚の写真が入っていました。ピアノの前に子どもたちが並んでにこやかに写っています。芳江さんは目を疑いました。写真の中央に娘とそっくりな少女が写っていたからです。芳江さんははやる気持ちを押さえ、冷静な口調になるように努めて、施設に電話をしました。

「お子さんたちが喜んでくださり、私もとても嬉しく思います。娘のピアノを皆さんが弾いている様子を見たいので、ご迷惑でなければそちらへ伺ってもよろしいでしょうか」

芳江さんは養護施設を訪ねていきました。施設の玄関をくぐると、小ぢんまりとしたホールがあり、ピアノが置かれています。子どもたちが手をつないでピアノの前に並び、芳江さんを迎えてくれました。

ピアノの椅子に座ったのは、写真に写っていたあの少女でした。丸い大きな瞳《ひとみ》と広い額《ひたい》がよく似ていて、娘の面影《おもかげ》を彷彿《ほうふつ》とさせます。

少女は施設の先生の合図で、緊張した面もちでピアノを弾きはじめました。流れてきたメロディを耳にして、芳江さんのからだに衝撃が走りました。真夜中のピアノが奏《かな》でていたメロディ、娘が練習していたあの曲だったのです。

少女は演奏を終えるとぴょこんと椅子から飛び降り、恥ずかしそうに芳江さんの顔をちらりと見ました。少女と目が合った瞬間、芳江さんは、かつて娘の目の中にあったのと同じ輝きをそこに見ました。これは真理絵からの贈り物にちがいない。娘と似た少女が同じ曲を弾くなんて……。ここを訪れるように、娘が導いてくれたのだろうか……。

芳江さんは真理絵ちゃんと一緒に、ピアノのレッスンをしていた日々を思い出していました。娘が練習曲を上手に弾き、嬉しそうに笑う顔が浮かんできます。大きな目に溢《あふ》れんばかりの輝きを湛《たた》えた顔です。

「娘の死後、いやいやながら稽古する娘の顔ばかり思い出していた。けれども、本当は幸福な時間も二人で過ごしていたんだ」

娘は悲しいときも、嬉しいときも、その気持ちをすべて母親が受け止めてくれることをわかっていたのだろう。ピアノの練習を一緒にしながら、母娘で同じ時間と感情を分かち合い、愛情を通わせていたことに、芳江さんは気づきました。

真夜中に奏でられるピアノは、娘が母を思いやる魂《たましい》の響きでした。母と娘の絆は、娘の死後も一層、深められていったのです。

死に対する修練

お釈迦《しゃか》様の話に、「蛇の前生物語《ジャータカ》」と呼ばれる物語があります。

あるとき、お釈迦様は、息子を亡くして泣き暮らしている地主に会いました。その地主に向かって、こう言いました。

「壊れる性質のものは壊れるし、亡くなる性質のものは亡くなるものです。すべての生き物は死すべきもので、昔の賢者たちは子どもが死んだときでさえ、『亡くなる性質のものが亡くなった』と言って悲しむことをしなかったのです」

そして、地主に請われるままに過去の話を語ります。

昔、バラモン（最上級の僧侶階級）の家柄の男が、蛇に嚙《か》まれて死んだ息子を火葬にしているとき、帝釈天《たいしゃくてん》（仏教護持の神）が通りかかり、尋ねました。

「実の子が死んだというのに、なぜ泣いていないのかね」

その男は泣かない理由を詩にして語ります。

「肉体が感受を失い
死して黄泉《よみ》に赴《おもむ》くとき

蛇が古き皮を捨てゆくごとく
自らの亡骸《なきがら》を捨ててゆく。
荼毘《だび》にふされてなお彼は
身内の嘆き悲しみを知らざらむ。
ゆえに我《われ》そを悲しまじ
かれ自らの帰趨《きすう》へいたるなれば」
帝釈天はその男の言葉を聞いて、そばにいた婦人に尋ねます。
「ご婦人、死者はそなたの何であったのかね」
「十月《とつき》の間、胎内に宿し、乳を飲ませ、手とり足とりして育てた子どもでございます」
「父親ならば男であるから、悲しむこともしまい。しかし母親の心はやさしいものです。
どうしてそなたは泣かないのかね」
「呼ばれもせずにかしこより来たりて
告げもせずにここより去《い》ぬ
来るがごとくに去《さ》りゆくそこに
何ぞ嘆くことあらんや」

母親はこのように理由を述べました。そこで、帝釈天は妹だという娘にも同様に尋ねます。妹も泣かない理由を詩で唱えます。

「もし我泣かば我はやせ細らん
そは我にいかなる果あるや。
親族・朋友・心寄す人に
悪しき思いをつのらすのみ」

帝釈天は、この家族が死に対して積んだ修練に感心し、その人たちの家を無数の財産で満たして去っていきました。

お釈迦様は、この法話を地主に話し終えたあと、そのバラモンの男が自分であったと明らかにします。息子を失ったのは、お釈迦様自身だったのです。そして、地主は、真理を知り、「作られたものはすべて常住ではなく、死が結果としてあるのだ」ということを悟りました。

お釈迦様の話には、このほかにも、死に対する心の修練を説くエピソードが多くあります。次の話は、私の著書『神は人を何処へ導くのか』でも紹介していますが、心に響く説話なのでもう一度、書き留めておきます。

生まれたばかりのわが子を亡くして、正気を失い、道ゆく人びとに、「この子を生き返らせる薬をください」と懇願する母親がいました。見れば、母親の腕に抱かれている幼児の亡骸《なきがら》はすでに死臭を発しはじめています。

お釈迦様は哀れんで、こう語りかけます。

「芥子粒《けしつぶ》をもらっていらっしゃい。ただし、これまで死者を出したことのない家からもらってくるのだよ。その芥子粒で、私が子どもを生き返らせる薬を作ってあげよう」

そこで母親は街の家々を訪ね歩き、葬式を出したことのない家を探しまわりますが、当然のこと、そのような家は存在しません。

そしてついに、彼女は悟るのです。「誰もが愛する者と別れる苦しみを体験するのだ。人間はかならず死ぬのだ」と。同時に、わが子の死を直視できるようになり、その事実を受け入れたとき、彼女は狂気から立ちなおったのです。

愛する人たちにのみ、死がある

「私は世のすべての人が行く道を行こうとしている」（旧約聖書　列王紀上　二章）

これは、ダビデ（紀元前二～一世紀にイスラエルを統治した王）が自分の死が近いことを知って、息子のソロモンに告げた言葉です。

聖書の中にも、すべてのものが死を経験し、死の現実から逃避することなく、しっかりと直視するように説く教えは随所にあります。

そして、終わりのときは運命ではなく、神の恵みとして与えられ、人間の肉体の死を永遠の命を得るために蒔《ま》く、一粒の種に譬《たと》えています。

「死人の復活も、また同様である。朽《く》ちるもので蒔《ま》かれ、朽ちないものに蘇《よみがえ》り、卑しいもので蒔かれ、栄光あるものに蘇り、弱いもので蒔かれ、強いものに蘇り、肉のからだで蒔かれ、霊のからだに蘇るのである。」　（コリント人への第一の手紙　十五章）

私は、臨死体験をしてから、死への怖れがなくなり、人は皆、愛によって生かされていることを、自分の中の深いところから実感するようになりました。

そして、何かに導かれるように死の淵《ふち》に立つ人たちのもとを訪れ、祈りを捧げるようになりました。

死にゆく人びとに手を当て、呼吸を合わせながら祈りつづけていると、現実の世界がいっさい消え、宇宙の秩序の中にその人と一緒に入っていくような感覚になります。そこは、時間が存在せず、永遠の中に生きているようなやすらぎの境地です。

そして、その次元に入ると、手を当てているその人のからだが、私が臨死体験したときに包まれたような、まばゆい白い光の中で輝いて見えることもあります。

近しい人たちに囲まれ、生を終わらせる人のそばに臨席するときに、いつも実感するのは、「愛する人たちにのみ、死がある。そして、愛する人たちには死はない」ということです。愛する人たちにのみ、死は訪れ、そして同時に、愛する人たちにとって死は存在しないのです。

新聞の死亡欄を他人は、単なる情報として受け取るでしょう。しかし愛する人たちにとっては、その人の死を胸の張りさける思いで感じています。

愛する人のみが、死を体験しているのです。そして死を現実として受け入れたとき、愛する人たちの心の中で、死んでいった人たちは永遠に生きつづけます。

天国でおふくろが待っている――遠藤周作さんの〝遺言〟

今から二十六年前、私は長年親しくさせていただいた友人、遠藤周作さんとお別れをいたしました。葬儀のミサと告別式が行なわれた東京・四谷の聖イグナチオ教会には、親交のあった作家やファンの方、四千人を超える人たちが参列しました。聖歌が響きわたる中、遠藤さんの遺影に、参列者の人たちは祈りを捧げました。

「遠藤さんは今まで、人びとに深い感動を与える作品を次々と世に送り出し、数多くの名誉ある賞を受賞されてきました。遠藤さんは、病気に苦しみながらも、それを乗り越え、それこそ身を削る思いで、素晴らしい作品を生み出してきたのです。今、神様はその遠藤さんに、これまでの賞とは比較にならないほど、素晴らしい勲章を与えてくださっていることでしょう」

神父さんの話が、私の心に深く染《し》みていきます。

「遠藤さん、本当に、みごとな人生を完結されましたね。もう苦しまれないで、神さまのもとで、ゆっくりとお休みください」

私はそう思いながら、ご冥福《めいふく》をお祈りいたしました。

作家の安岡章太郎さんが、弔辞《ちょうじ》でこう語られました。

「遠藤は、死ぬことは怖くない。天国でおふくろや兄貴が待っていてくれると言っていました。私はその言葉を信じよう。あれだけ苦労して大作を積みあげた遠藤に、そのぐらいの報《むく》いがなくてはかなわんと思うからです」

それを聞きながら私は、最後に拝見した遠藤さんのやすらかな顔を思い浮かべました。「遠藤先生、ありがとう。さようなら」。出棺のときに、一人の青年が柩《ひつぎ》に駆け寄り、大きな声でお別れを言いました。「さようなら、さようなら」という声の輪が、波紋のように広がっていきます。

おごそかな雰囲気の中にも、あたたかさが満ち、誰からも愛された遠藤さんにふさわしい、素晴らしいお葬式でした。

みごとに生を完結した、やすらかな顔

亡くなる前日、容体が急変し意識不明になったと、ご家族の方から連絡があり、私は遠藤さんのもとに駆けつけました。

病室に入ると、そこは何か澄みきった、静謐《せいひつ》で平安な空気で満ちていました。

「シスター、天国に行ったら、母と兄に再会できるんだ」

お見舞いに伺うたびにそう言っていた遠藤さんの声が、胸に響いてきます。

ベッドのそばの少し高いところに、遠藤さんのお母様が穏やかに微笑《ほほえ》んでいる大きな写真が飾られていました。淡《あわ》い光にその写真が照らされて、まるでお母様が天国から舞

い降りてきたかのように見えました。

「遠藤さん、最愛のお母様がお迎えにいらっしゃっているのですね。もうすぐ、再会の願いを叶《かな》えて、神さまのところへ旅立たれるのですね」

そう語りかけながら、遠藤さんのお顔を覗《のぞ》き込むと、みごとに生を完結されようとしている人の気高さとやすらぎで溢《あふ》れていました。奥様の順子さんと長男の龍之介さんも、あとは、すべてを大きなはからいに委《ゆだ》ねようという気持ちだったのでしょう。お二人の顔は、深い悲しみを超えたあとの、穏やかな表情を湛《たた》えていました。

「遠藤さん、私はこちらに伺う前に、大学生たちに論文の指導をしてきたんですよ。たくさんの学生たちが、遠藤周作文学を研究の対象に採《と》りあげていました。

どれほど多くの若い人たちが、遠藤文学をとおして、その後の人生の基盤となるような大切なものを汲《く》みとり、生きるための価値観を養っていったことでしょう。あなたは、本当に素晴らしい力を若い人たちに与えてくださいました。

遠藤さんの透徹《とうてつ》した眼差《まなざ》しは、あれほど命を削りながら執筆されたからこそ、生み出されたのですね。作品をとおして、これからも遠藤さんは、世代を超えたたくさんの人たちに祝福を与えつづけていくのでしょうね。今まで本当にありがとうございました。

私もいつの日にか、遠藤さんのところに行きますから、待っていてくださいね。再会を楽しみにしています」

生前の遠藤さんに会うのは、これがきっと最後になるだろうと感じ、私はお別れの挨《あい》拶《さつ》をして、病室を去りました。

私を見守ってくれる〝狐狸庵《こりあん》先生〟

遠藤周作さんと私が知り合ってから三十年以上経っていました。若いころから、闘病生活を繰り返し、何度も死の淵に立ったことのある遠藤さんは、死に対しても洞察の深い方でした。医療のあり方や生命倫理にも深い関心を示し、ホスピスや「死の看取《みと》り」についても提言をしておられます。

私が思いがけず臨死体験をしてから、「癒《いや》しの力」のようなものが、私の祈りをとおして病気の人たちに働くようになったとき、いちばん素直に私の話を信じてくださったのが、遠藤さんでした。

遠藤さんが『深い河』（講談社刊）を出版して、「二十世紀小説の掉尾《とうび》を飾る傑作」と大きな反響を呼んでいた真っ最中のことです。

腎臓の手術を受け、順調に回復していた遠藤さんは、突然、危篤《きとく》状態に陥《おちい》りました。「もう時間の問題です」と、お医者様も言っています。

奥様と聖心会のシスター方とともに、私も一生懸命、祈りを捧げました。やがて、遠藤さんは危篤状態を抜け、徐々に元気になっていきました。

最後の一年半ぐらいは、入退院を繰り返し、苦しみぬかれていました。容体が危なくなることも、何度かありました。けれども、ご家族の力強い支えや、祈りが遠藤さんに伝わり、大宇宙に満ちている癒しの力が働いたのでしょう。そして、何よりも、遠藤さんご自身の力、神の摂理というものに対する深い信頼と信仰、希望を失わないで耐えぬく力、それが大きな源となり、遠藤さんは奇蹟的に回復されました

敬虔《けいけん》なクリスチャンだった遠藤さんのお母様が生涯大事にされた信仰——。苦しいときに常に祈っていた母の姿を、遠藤さんは自分の闘病生活のときに思い出していました。

美しや　障子《しょうじ》の穴の　天の川

これは小林一茶の辞世の句です。遠藤さんは以前、自分もこんな一茶のような目で死を迎えられたらいいと思うと語っていました。まさにそのとおりに、従容《しょうよう》として死を受

け入れ、召されたと思うのです。今、私の中の遠藤さんは、まばゆい光の中で、ユーモアたっぷりににこにこと笑っている〝狐狸庵先生〟そのものです。

それぞれの人の人生が、個性豊かで違うように、死も一つとして同じものはありません。本書で語られる「死」もまた然《しか》りです。

そして、親しい人の死は、一人の人間が死んで、絶対的な形でこの世から去っていくこと、自分にも他の人にもいずれそれが訪れることを、厳粛な事実として目の前に否応《いやおう》なく突きつけます。

親しい人の死を受け入れることは、普段とはまったく違った意識の中に入ることです。逝《い》った人が自分をどんなに愛してくれたか、自分もその人をどれほど愛していたかを実感し、普段は当たり前と受け止めている人間の存在そのものの大切さ、そういったものに思いをめぐらし、生きる意味を問いなおします。日常の時間から人生の意味が鮮やかに切り取られ、深い意味をもって迫ってくるのです。

第二話

失われた右腕が語りかけたこと

もぎ取られた右腕が疼《うず》く

痛い、右腕が痛い。

あまりの痛みに、布団から飛びおきた福原茂さんは、発作的に右腕をさすろうとして、我に返りました。

「ああ、またあの夢だ」

茂さんは、交通事故で右腕をなくしました。それからというもの、病院で治療を終えたあとも、ないはずの右腕がまるでそこにあるかのように痛むのです。夜眠ると、右腕が痛む夢にうなされ、現実の激しい痛みで目を覚ますのでした。一本一本の指先がずきずきと疼《うず》き、二の腕は鉛《なまり》のように重たく感じます。右腕全体が今でもまだ、からだについているかのように痛みました。けれども痛む腕に触れようとしても、肩に置いた左手がすとんとすべり落ちるだけです。

夢から覚めてしばらくしても、痛みが消えるわけではありません。その疼くような重い痛みは、あの忌《い》まわしい記憶へと茂さんを引きもどすのでした。それは忘れたくても忘れることのできない事故でした。

「あの事故が一瞬のうちにすべてを奪ってしまった。大学生活も、絵を描く夢も……」

事故から一年が過ぎても、茂さんは絶望の淵から立ちあがれないでいました。

事故に遭《あ》ったのは、M大学三年のときでした。夏休みに友人と日光の中禅寺湖《ちゅうぜんじこ》に行き、車で東京へ帰る途中のことです。運転していたのは茂さんで、助手席に友人が座っていました。

その日は、じっとしているだけで汗がからだじゅうから吹きだしてくるような暑さでした。抜けるような青空に真夏の陽射《ひざ》しがまぶしくきらめいていました。一九七〇年代の当時は車に冷房がついていないのが普通でしたから、窓を開け放して走っていました。茂さんはTシャツを肩までまくりあげ、右腕を窓の外に出し、左手で運転していました。夏休みということで多少浮かれ気味だったのでしょう。道もすいていたので、ついスピードを出しすぎていました。

いろは坂をフルスピードで下っていったとき、向こうから大型トラックがやって来ました。狭い道でしたから、茂さんはあせって、すれ違いざまにトラックを避けようとしました。ところが左手でハンドルを握っていたため、とっさにからだがいうことを利かず、トラックに突っ込んでしまったのです。

一瞬の出来事でした。茂さんは強い衝撃を受け、意識を失いました。おそらく数分間、気を失ったままだったのでしょう。ふと目を開けると、助手席の友人が、ぐったりとうなだれているのが見えました。

「大変だ、何か事故に遭ったにちがいない」

そう思った茂さんは、ハンドルを握り、道端に車を寄せました。そして友人を揺り起こすために右手を伸ばそうとしたとき、初めて自分の右腕がないのに気がついたのです。左側で気絶している友人に神経が集中していたため、無意識のうちに、片手だけでハンドルを動かし、道端に停《と》めたようです。

右肩から下が全部もげてなくなっていました。真っ赤な肉の間から、白骨《はっこつ》が突きだし、血がすごい勢いで流れていました。それを見たとたん、ひどい激痛が襲ってきました。そのショックで再び茂さんは気を失ってしまいました。感覚を麻痺《まひ》させるような自己防衛本能が働いていたからでしょうか。不思議なことに、自分の怪我《けが》を見るまでは、茂さんはまったく痛みを感じていなかったのです。

絶望の淵でアメリカ渡航を決意

次に気がついたときには、茂さんは病院のベッドの上にいました。目が覚めてから、激しい痛みが再び続きました。助手席にいた友人は、幸い軽傷ですんだようです。治療のため入院している間、茂さんは毎晩、悪夢にうなされました。痛い、痛いと思いながら眠ると、夢の中でも、ない右腕がひどく痛むのです。腕をもぎ取られた付け根の部分が痛むのではなく、このときすでに右手の指先から腕全体が重くて、痛くてたまらない、そういう感覚だけがあるのです。

その痛みで目が覚めると、痛みだけは残っているけれども、右腕はないということに気づいて、ぞっとするのでした。

二十歳そこそこで、いちばん夢と希望に溢《あふ》れていた時期でしたから、茂さんの精神的打撃は大きなものだったでしょう。事故に遭うまでは、大学に友だちも大勢いましたし、サークル活動やコンパなどキャンパスライフをそれなりに楽しんでいました。

茂さんには、絵を描きたいという子どものころからの夢もありました。本当は芸大か美大に入りたかったのですが、結局、普通の大学の経済学部に入ります。それでも、いつか絵を描きたいという夢は持ちつづけていました。

そんな青春の夢や喜びが、突然断ち切られてしまったのです。茂さんは、右腕と一緒に人生のすべてを失ってしまったような思いになりました。

退院したあとは何をする気にもなれず、大学も辞《や》めてしまいました。もう友人たちにも、誰にも会いたくありません。打ちひしがれた暗い毎日が続きます。その間も、なくした右腕の痛みにずっと苦しめられていました。

やがて大学で一緒だった友人たちも卒業し、次々と立派な会社へ就職していきました。

「それに比べ自分は、大学も中退して、こんなからだで、一生就職も、結婚もできないんだ」

そう思うと、茂さんはますます失意のどん底に落ち込んでいくのでした。

そんな茂さんの様子を見かねた父が、ある日、息子を呼んで言いました。

「お前もそんなふうに、いつまでもくよくよしていても仕方がないだろう。気分転換にアメリカにでも行ってきたらどうだ」

当時はまだ、ドルが高く、今のように誰でも気軽に外国に行ける風潮ではありませんでしたが、少しでも息子が立ちなおるきっかけになればと考えて、思い切って勧めてくれたのです。

たまたまアメリカ中部の田舎《いなか》に父の知り合いがいました。広島出身の日系人で、ハワイからアメリカに移住し、農業を営んでいるとのことです。

茂さん自身、このままでは本当に自分がだめになってしまうと感じていましたから、父の力強い言葉に背中を押されるように、アメリカ行きを決心しました。

レフト・ハンデット・ピープルのための道具

飛行機を乗りついで辿《たど》りついた異国の地は、広大な土地に農家が点在するのどかな田園地帯でした。

父の知り合いの家族は、茂さんをあたたかく迎えてくれました。家族で農業を営む彼らは、真っ黒に日焼けしていて、陽気で素朴です。茂さんの右腕がないことなどまったく気にかけていないようでいて、困ったときにはさっと手を差しのべてくれました。そんな彼らの無言の心遣いに、最初は頑《かたく》なだった茂さんも、徐々に心を開いていきます。

あるとき、町へ農具を買いに行くから一緒に行かないかと、その家のご主人に誘われました。車を一時間ほど走らせると、小さな商店街が見えてきました。そこに彼らの行きつけのお店がありました。

店内には、鉈《なた》や鎌《かま》、ナイフなどがぎっしりと並んでいます。もの珍しそうに店の中を見わたしていると、「レフト・ハンデット・ピープル」と書かれた札が目に入りました。そこには左利《き》き専用の道具が並んでいました。思わず手に取って試してみると、どれも左手で持ちやすく使いやすいように作られているのがわかります。「こんな便利なものがあるのか」と感心した茂さんは、いくつか自分用に買いました。

それまでは左手で何かをしようという気はなかったのですが、左手用の道具を手に入れてから、木を削ったり、割ったり、いろいろな作業をするようになります。

そうしているうちに、利き手でなかった左手が、だんだんと自在に動くようになってきました。家の子どもたちに「シゲルは器用だね」と言われたとき、長い間笑うことのなかった表情に、ふと微笑《ほほえ》みがこぼれました。

日本に帰ってきてからも、アメリカで買った道具を愛用していた茂さんは、あるとき、自分で同じものを真似《まね》て作ってみようと思いたちます。

最初はなかなかうまくいきませんでしたが、もともと器用なほうでしたから、やがて左手と両足を使っていろいろな道具を作ることができるようになりました。そして自分の作った道具を左利きの人にあげると、とても喜ばれました。それが励みになって、ますます道具づくりに熱中するようになります。

無心になって道具を作ることで、茂さんは少しずつ生きる意欲を取りもどしていったのでしょう。数年後には、彼は左手専用の道具づくりを仕事にすることにします。金物屋や工具店などに茂さんの作った道具が並ぶようになりました。

口で絵を描く画家

そのころ、茂さんはテレビで、口に筆をくわえて絵を描く画家のことを知りました。今までに何冊もの詩画集を出版して、人びとに感銘を与えつづけている星野富弘さんという人です。

もともと体育の先生だった星野さんは、クラブ活動で宙返りを指導しているときに、頸椎《けいつい》を損傷して首から下のからだ全部が麻痺してしまいました。まだ二十四歳の若さで起こった悲劇でした。

病院で寝たきりの闘病生活を続けながら、星野さんは口にサインペンをくわえて、字を書く練習をはじめます。四カ月ほどして小さな字で手紙まで書けるようになったころ、花を描いてみたいと願うようになりました。お見舞いに来た人たちが持ってきてくれた花が、ベッドの上に横たわる星野さんの目の隅にいつも映っていたからです。

野の花がどうして育っているか、考えてみるがよい。働きもせず、紡《つむ》ぎもしない。しかしあなたがたに言うが、栄華を極めたときのソロモンでさえ、この花の一つほどにも着飾ってはいなかった。

今日は生《は》えていて、明日は炉に投げ入れられる野の草でさえ、神はこのように装ってくださるのなら、あなたがたに、それ以上よくしてくださらないはずがあろうか。

（マタイによる福音書　六章）

クリスチャンの友人の勧めで、病室で聖書を読むようになった星野さんは、聖書のこの言葉を、花を見ながら思い出し、一輪の花よりも自分が小さくなってしまった思いがしたそうです。それまで、たいして気にもしなかった小さな花が、雄大な風景のように見えてきました。

こうして、星野さんは手紙の片隅に枕元の花を描くようになります。サインペンで描いた花の絵を、水を含ませた筆でこすり、水墨画のようなにじみをつくって味わいを出す工夫もするようになりました。

いつしか、花は文字よりも大きな部分を占めるようになりました。

左手で描いた拙《つたな》い斧《おの》の絵

いうことの利かないからだでスケッチブックに向かう画家の姿を見て、茂さんは心打たれました。

「僕は右腕を失っただけだ。あの人は首から下が動かせないのに、あんなに素晴らしい作品を創りだしている。世の中にはこんな立派な人もいるんだ」

自作の詩が添えられた画家の絵には、素朴な筆致の中に普通の感性では描けないような気高さが感じられました。

「僕にもあんな美しい絵が描けたら……」

星野さんの絵が、とっくに忘れていたはずの夢に、小さな希望の炎を灯《とも》しました。ちょうど左手が思うように使えるようになっていた時期でしたから、「ひょっとしたら、自分も左手で絵が描けるかもしれない」と思ったのです。

よし、僕も絵を描いてみよう。そう思って、右腕を失ってから触れたこともなかった絵筆を、左手に握りしめました。けれども、いざ絵を描こうと思っても、まず何を描いていいのかわかりません。そこで何となくそばにあった左手用の斧《おの》を描きました。苦労して時間をかけて、一生懸命描きました。

出来上がった絵は、線はギザギザで、まるで子どもが描いたような幼稚で不器用なものでした。茂さんは、すっかり落ち込んでしまいます。

「なんてひどい絵なんだろう。もっと美しい風景とか、夢が溢《あふ》れるものを描きたかったのに、どうして斧なんか描いたんだろう。初めて左手で描いた絵がこんな絵だなんて」

星野富弘さんの芸術的な絵を思い出すにつけ、自分の拙《つたな》い絵が無価値なものに思えてしかたがありませんでした。

「あの人は特別な才能があるから口でも絵が描けるんだ。僕には右腕がないだけじゃなくて、才能もないんだ」

茂さんは自分の描いた絵を見ているうちに、どんどん惨《みじ》めな気分になっていきました。左手が動くようになって、ようやく生き甲斐を見いだした矢先に、再び絶望感が襲ってきたのです。

いったん落ち込むと、次々と否定的な思いが浮かんできます。同じ年の友人は、商社に就職して世界中を駆《か》けまわっている。皆、次々と結婚して、幸せそうな家庭を築いている。それなのに、自分にはガールフレンド一人いない……。

ちっぽけな道具を上手に作れるようになって喜んでいる自分が、いかにも取るに足らない存在に思えてきました。すると、またないはずの右腕がずきずきと痛んできます。

右腕が膝を叩く

その後、数日間、茂さんは道具づくりをする気も失《う》せて、虚無感に打ちひしがれていました。

ある朝方のことです。いつものように失った腕が痛んで、目が覚めました。上半身を起こして、右腕をさすろうとすると肩に置いた左手がすとんとすべり落ちます。そんなふうに習慣となってしまった空《むな》しい動作をまた繰り返し、「ああ、やっぱり右腕がないんだ」と心の中でつぶやきました。痛みで頭は朦朧《もうろう》とし、心は絶望のどん底に沈んでいきます。

そのとき、膝の上にふっとあたたかい気配を感じました。何かが膝をとんとんと叩《たた》きます。掛け布団をそっとめくってみると、膝の上に誰かの手がありました。男性の右腕で茂さんの側《かわ》から膝のほうに伸びています。

その腕は、ぼんやりとした白い光を放っているように見えました。茂さんはいったい何が起こっているのか理解できずに、呆気《あっけ》に取られて眺めていました。

するとどこからか、「茂、茂……」と彼の名前を呼ぶ声が聞こえてきます。その声は男性の声で、あたたかく威厳に満ちていました。自分の声のような気もしましたが、言葉づかいが違っていました。その声が、「私がなくなったのはね」と言うのを、茂さんははっきりと耳にしました。

「私がなくなったのはね、あなたを生かすためだったんですよ」

手はまたやさしく茂さんの膝をパタパタと叩きました。

「あなたを生かすということは、あなたが誰か他の人を生かしてあげることなんだよ」

その右手の指先が膝に触れるたびに、あたたかなものが伝わってきました。

「茂、わかったかい？　しっかりするんだよ、わかったね、茂」

その声が畳《たた》み込むように問いかけるので、茂さんが思わず「ウン」と返事をすると、その声とパタパタという音は消えました。膝の上の手もいつの間にか消えています。

「何だったんだろう、今のは。夢でも見たのだろうか」

我《われ》に返った茂さんは、ふとあれほど激しかった右腕の痛みがなくなっていることに気づきました。

不思議なことに、その日以来、茂さんは二度と幻の右腕の痛みに悩まされることはなくなったのです。それからも茂さんは、この不思議な体験のことを考えつづけました。

「あの声の主はいったい誰だったのだろう。『私がなくなったのはね』とは何のことだろう。自分を生かすとは他人を生かすことだというのは、どういう意味なんだろう……」

自分を生かすことが他人を生かす

奇妙な出来事が起こってから数日後、見知らぬ若い男性が茂さんを訪ねてきました。自分のために左利き用の道具を作ってほしいというのです。彼は機械を組み立てる工場で働いているのですが、道具がすべて右手用なので、左利きの自分には仕事が人の十倍もかかってしまう。それで困っていたところ、ある工具店で左利き用の道具を売っているのを見つけ、お店の人から茂さんの住所を聞いて訪ねてきたのです。

彼は左手で使える小さい特殊なペンチのようなものを作ってほしいと頼みました。茂さんは快くそれを引き受け、一週間後に「これで試してみてください」と彼の手に出来上がった工具を渡しました。

それから一カ月ほど経ったころ、またその人が訪ねてきました。両手でうやうやしく風呂敷の包みを抱えています。彼が風呂敷を開くと、漆《うるし》のお盆に鯛《たい》が載っていました。

「あのペンチのおかげで、今までよりずっと早く、ていねいに仕事をこなせるようになりました。一カ月で何カ月分もの成果を上げたので、上司が昇進させてくれました。周りの仲間が昇進のお祝いをしてくれると聞いたとき、まず感謝の気持ちを表したいのはあなただと思って、これを持ってきました」

その人は、しみじみとした調子でさらに続けました。

「あなたを訪ねるまでは、本当に行きづまった状態だったんです。仕事も辞めようかどうか迷っていました。左利きの自分はどんなに努力しても、いつも仲間に迷惑をかけてしまう。でも、あなたに道具を作ってもらってからは、仕事も見違えるようにできるようになりました。そして、それをきっかけに、いつもどこか卑屈だった自分が変わっていったんです。昇進もできて、やっと自分に自信が持てました。これで本当に生きられます」

その「生きられます」という言葉を聞いたとたん、茂さんはあっと思いました。膝をとんとんと叩きながら、「人を生かしてあげることなんですよ」と言った声の意味が突然、わかったのです。

世の中の見えないところで、左利きで苦労している人たちがたくさんいる。そういう人たちの苦しみを、自分は身をもって体験している。そんな人びとが生かされるようになることが自分の役割ではないだろうか。自分には絵は描けないけれど、そういうことならできる、と茂さんは思いました。

「これで生きられます」という彼の言葉をきっかけに、茂さんは左手専用の道具職人として生きていこうと決心しました。

左手で初めて描いた絵が、左手用の斧の絵だったのも、けっして無意味なことではなく、左利きの人のための道具を作る方向へ行きなさいと、自分の中の無意識の深い知恵が教えてくれたような気がします。

それから、茂さんは、左利きの人を探して、どんなことで困っているか、どんな道具が欲しいかなどを尋ねてまわりました。

そうしているうちに、世の中には左手しか使えなくて困っている人、自分のように右腕をなくした人が思った以上にたくさんいることがわかりました。けっして自分だけが不幸なのではない、たくさんの人が苦しみや悩みを抱えて生きているのだ、ということが身に染《し》みてわかってきました。

今、与えられているものは何か

茂さんが事故に遭ってから二十年以上が経ち、私を訪ねてきた茂さんは、すでに四十代の立派な男性でした。背が高く、筋肉質なからだつきで、一途《いちず》に一つのことをやりとげてきたような、いかにも職人気質《かたぎ》の人です。白いワイシャツの右袖《そで》は、無造作に胸のポケットに突っ込まれていました。

彼は終始おだやかな調子で、自分の過去を語りました。

「あれから、たくさんの人が道具のお礼を言いに来てくれました。そのたびに、膝を叩いて、自分に語りかけてきたのは誰だったんだろうと思いました。先生のお話を聞いているうちに、それがはっきりとわかりました。あれは失われた右腕だったんです。私はなくなった右腕と、ずっとあとになって和解したんです。だからあれ以来、痛みも消えてしまったんだと思います」

さまざまな苦しみを乗り越えてきた茂さんの瞳《ひとみ》は、さわやかに澄みきっていました。
「片腕で一人で細々と道具を作っている私は、けっしてお金持ちにも有名にもなれないけれど、道具を使う人がどこかで喜んでくれたり、自分のように行きづまっている人が違った人生を生きるきっかけになってくれたら、本当に幸せです。今思えば、私は、右腕をなくしたからこそ、本当に生きることができたのです」

その後、私は茂さんのことを、山崎ヤスヒロさんという知人に話しました。ヤスヒロさんは私が長年親しくしている児童文学者の山崎陽子さんの長男です。当時、三十代の半ばくらいでしたが、高校生のときに事故で下半身不随になり、車椅子の生活をしています。

彼は高校生のとき、アメリカに留学し、寮生活をしていました。ある日、学校の研修旅行で山にスキーに行きました。山から帰ってくるとき、バスの暖房が効きすぎてすごく暑かったそうです。寮に帰って、窓を開けて戸外の冷たい空気を吸おうと窓に寄りかかりました。

ところがその窓の枠《わく》が腐っていたらしく、寄りかかったとたんに枠が壊れ、ヤスヒロさんは三階から転落してしまいました。そして脊髄《せきずい》を損傷して、下半身が不自由になってしまったのです。

本人も、両親も、苦しみぬきました。そのときいちばん救いになったのが、よく訪問してくださった神父さんの言葉だったと言います。

その神父さんは訪ねてくるとかならず、ヤスヒロさんのベッドのそばで床に仰向《あおむ》けに寝ながら語りかけました。ヤスヒロさんは背中を損傷しているので、いつもうつぶせに寝ていなくてはなりません。彼と目と目を合わせて話すために、神父さんは床に仰向けに寝るのです。そしていつも次のように言うのです。

「ヤスヒロ、失われたものに目を留めるんじゃなくて、今、与えられているものだけをいつも見つめていなさい」

ただそれだけ言うと、にこやかな表情で、「神様の祝福がありますように」と唱えて帰っていったそうです。

神父さんが自分の目をじっと見つめて、繰り返し、繰り返し言ったその言葉が、ヤスヒロさんには大きな助けになりました。おかげで、ヤスヒロさんはなんとか精神的に立ち直って、アメリカの大学を卒業します。そして、日本に帰国し、アメリカの車椅子を輸入する会社をつくりました。

ハンディキャップを負った人たちのための技術が進んでいるアメリカから、軽くて機能的な車椅子を輸入して、自分のような人のために役立てようと考えたのです。大学で専攻していたコンピュータの技術を駆使して、ネットワークを築き、英語力を活かしてアメリカの会社と交渉しながら、毎日、生き生きと仕事をしています。

ヤスヒロさんに失われた右腕のメッセージを話したとき、彼は「神父さんの言ったことと同じですね」と言いました。茂さんの場合は、失われた腕自身が、今与えられているものを生かすことを教えてくれたし、自分の場合は神父さんが教えてくれたのですね、と。

失ったものが教えた本当の人生

茂さんが感銘を受けた、口で絵を描く画家、星野富弘さんの詩画集『速さのちがう時計』（偕成社刊）の中に次のような詩があります。もう少しで花を咲かせる寸前の水仙の蕾《つぼみ》を描いた絵に、その詩は書き添えられていました。

幸せ　という

花があるとすれば
その花の
蕾《つぼみ》のようなものだろうか
辛《つら》い　という字がある
もう少しで
幸せ　に
なれそうな気がする

星野さんは、初めて展覧会を開催したとき、会場を訪れた人たちが自分の詩を熱心に書き写している姿を見て、「私は今まで、人からしてもらうことばかりだったのに、あの人たちは今、自分が描いたものから、何かを受けているのだ」と感激し、自分がこれから何をしていったらよいのかが、うっすらと見えたような気がしたと本の中で語っています。

人はどんなにつらく、苦しいときでも、尊い命を与えられて、生かされている存在です。つらく苦しいときには人は心を閉ざしてしまいがちです。けれども、そんなときでも、膝を叩いてあなたを励まし、力づけてくれるものがきっとあるのです。

茂さんもヤスヒロさんも、苦しみの中で、今与えられているものの豊かさに気づきました。そのとき彼らは失ったものの代わりに、本当の人生を手に入れることができたのです。

第三話

在《いま》すがごとく死者は語る

一瞬のうちに奪われた家族の命

私がエリザベスと出会ったのは、アメリカでセラピストの集まりがあったときでした。セラピストとは、心の傷を受けた人を心理学の療法にもとづいて治癒《ちゆ》する専門家のことです。私も教育活動のほかに、セラピストとしての仕事にも携わっていますので、ときどき海外で開催されるセラピストの研究会に参加していました。

車椅子に座っていたエリザベスは、三十代前半の年齢で、人目を惹《ひ》くほど美しく、三つ編みにした髪をマリア様のようにターバン風に巻いていました。穏やかでもの静かな雰囲気を湛《たた》えた彼女は、まるでイタリアの名画から抜け出てきたようでした。

私は彼女が車椅子に座っているのを見て、茂さんと山崎ヤスヒロさんの話をしました。私の話が終わると、彼女は、「私にも似たような経験があります。もし私の体験が、同じように心に傷を受けた人たちのお役に立つなら、どうぞ公表してください」と言って、語りはじめました。

エリザベスにとって、この世でいちばん恐ろしいもの。それは猫でした。小さな子猫を見ただけでも、恐怖で息が止まり、身動きできなくなってしまうのです。彼女の人生が一瞬のうちに暗転したとき、その引き金となったのが、猫だったからです。

夏休みのある日、エリザベスと姉と両親を乗せた車は、ニューヨークの郊外を走っていました。家族そろって、ナイアガラの滝を見に行く途中だったのです。

広い道はすいていて、エリザベスのお父さんはスピードを上げて走っていました。そのとき突然、猫が飛びだしてきたのです。「あっ、猫だ」とお父さんは叫び、ハンドルを切りました。けれどもスピードを出しているところに急ハンドルを切ったため、車は横転し、火が吹きだして燃えあがりました。エリザベスだけが外に放りだされました。

エリザベスが覚えているのは、ひらりと猫が前方に飛びだしてきた一瞬の映像と、「あっ、猫だ」という父の声だけです。そしてそれは、記憶の深い部分にくっきりと刻まれたのです。

長い時間が過ぎたあと、病院で目覚めたエリザベスを待っていたのは、これ以上はない悲報でした。父も母も姉も亡くなっていたのです。たった一人とり残されたエリザベスは、半身不随になっていました。

エリザベスはニューヨークの上流階級の家庭で何不自由なく育ったお嬢さんでした。気品漂う美貌《びぼう》の持ち主で、思いやりに溢《あふ》れ、またとても優秀でした。まだ十六歳でしたが、その夏、飛び級してエール大学に合格していました。他人から見れば、何一つ欠けるものがないほど、恵まれた人生を歩んでいたのです。

それまでなんの苦労もなく育ち、挫折というものを味わったことのない彼女は、いきなり奈落《ならく》の底に突き落とされました。

けれども、親戚や友人たちが親身《しんみ》になって世話をしながら、あたたかく励ましてくれたこと、幸いにも富裕な階級に属していたので生活に困る心配がなかったこと、そして、何よりも本人の自立心が強かったことで、エリザベスは少しずつ立ち直っていきます。周りの人たちには、彼女が将来に目を向けて、困難を乗り切っていくように見えました。アメリカの大学はハンディキャップを負った人たちのために設備がきちんと整っていますので、エリザベスは大学に入り、新しい生活を始めます。

父親の遺体が刻まれる！

一年が過ぎ、二年が経つと、エリザベスも徐々に悲しみを乗り越え、車椅子の生活にも慣れてきました。大学でも成績は優秀で、ようやく順調に生活が流れはじめたように見えました。

ただ一つだけ、どうしても克服できないことがありました。それは猫でした。猫を見ると、どうしようもないパニックを起こしてしまうのです。

猫がテレビに現れたり、猫の声を聞いただけでも、激しいパニックに襲われ、自分でまったくコントロールできない状態になるのでした。それだけ心理的に大きな障害を受けていたのです。

「怖い」と思うと、それがかえって目につくもので、どこにいても猫の姿が目に飛び込んできます。猫の絵や置物を見ただけで、呼吸が苦しくなってしまう状態でした。

エリザベスは、このままではまともに生活ができないのではという不安に駆《か》られていました。

大学の先生に相談すると、セラピストの先生を紹介されました。その先生はフォービアの専門家でした。フォービアとは、心理的恐怖症のことです。高所恐怖、閉所恐怖や、クモやヘビなどに対する軽度の恐怖症は、普通の人にも広く見られます。しかし、恐怖すべき対象を極度に避けるようになり、この回避行動が社会生活に支障をきたすようになると、神経症の一類型として治療を必要とします。

エリザベスは猫のフォービアでした。原因があの事故にあることは、言うまでもありません。セラピストの先生に事故のことと猫の恐怖について話すと、こう言われました。

「あなたが猫を恐れるのは当たり前のことです。これから毎週セラピーを受けにいらっしゃい」

その先生のもとへ通ううちに、エリザベスはユンさんというベトナム人の女の子と知合いになります。

ユンさんは、ナイフとか包丁など刃物の恐怖症で、セラピーを受けに来ていました。エリザベスは、彼女自身の口から刃物の恐怖症になったいきさつを聞きました。

ユンさんはボートピープルの一人でした。十四歳のときに大きな船でアメリカに渡ってきました。アメリカに辿《たど》りつくまでに、船の中では多くの人が亡くなったそうです。船が襲撃に遭い、殺された人もいましたが、多くの人は、食べ物がなくなって餓死しました。そして生き残った人びとは、死んだ人を船底で料理して食べたのです。

ユンさんのお父さんもとうとう力尽きて亡くなりました。父の遺体が船底に下ろされるというので、彼女はこっそりとあとをついていきます。遺体は調理場に運び込まれました。父の痩《や》せたからだが包丁で削られ、肉を削《そ》がれていく……。ユンさんは物陰からその一部始終を見てしまったのです。

どうにか生きのびてアメリカに着いたユンさんは、すべてを忘れたくて必死で勉強しました。そしてスカラシップをとって、エール大学に入ります。けれども心の傷は何年経っても、とうてい癒《い》えることがなく、刃物の恐怖はずっと続いていました。刃物を見ただけでも、動悸が早くなり、ひどい発作を惹《ひ》きおこすこともありました。

ナイフ恐怖症を取り除くセラピー

ユンさんは、エリザベスがセラピーを受けている先生のところへ、自分から相談に来ました。セラピーを受ける決心をするまでは、父のことも刃物の恐怖のことも誰にも話したことがありません。

セラピストの先生は、ユンさんがエリザベスに自分の悩みを打ち明けていることを知り、エリザベスにユンさんのセラピーを聞きに来ることを勧めました。それがエリザベスにとっても助けになると思ったからです。もちろん、エリザベスは口も堅いし、信頼できるしっかりした人だと見越してのことです。

すでにユンさんは、セラピストと長い時間を共有し、ユンさんのセラピーは仕上げの段階に入っていました。

ユンさんのフォービアを取り除く実生活に向けてのセラピーは、まず一枚の青い葉っぱから始まりました。カウンセラーの先生がナイフに似た細長い葉をテーブルの上に置いて、ユンさんに尋ねます。

「これは何？」

「これは、葉っぱです」

「でも、ここが鋭いでしょう。ナイフみたいに見えるけど、これはナイフ？」

と先生が言うと、ユンさんの表情はさっと青ざめました。

「いいえ」

「じゃあ、触ってごらんなさい。この刃物みたいな鋭いところを」

ユンさんはそれを手に取ると、思わず連想が働いて、ぎくっとして身を縮めました。

すると先生が言いました。

「しっかり見て、これは刃物ですか、何ですか」

「葉っぱです」

「あなたがこれに触れると手を切りますか」

「いいえ、切りません」

「じゃあ、もっとしっかり握って。これは何ですか。刃物のような形をしているけれども、これは何ですか」

「葉っぱです」

次のセラピーのときには、紙で作ったナイフがテーブルに置かれていました。

「これは何ですか、本当のナイフですか」

「いいえ、違う。紙でできている」

「切れますか」

「切れません」

「じゃあ、触ってごらん」

三回目は、プラスチックでできた子ども用玩具のナイフでした。

「これはどうですか、本当に切れますか」

「切れません」

ユンさんがぎくっとするたびに、先生は強い調子で言います。

「触ってごらんなさい、手が切れますか、どうですか」

そんなふうにして、ユンさんの恐怖心は少しずつ取り除かれていきました。やがて本物のバターナイフから果物ナイフへ、さらに包丁へとセラピーは進んでいきました。

死んだ父が語る娘への思い

セラピーをとおし、先生は、「刃物はけっして人を殺すためにあるのではなく、人間にとってとても役に立つ友だちだ。けっして、あなたを傷つけるものではない」――そういうことを彼女に繰り返しました。

最初は刃物を見ただけで目を背《そむ》けていたユンさんも、一年くらい経つと、それに触ることができるようになっていきました。

そしてついに最後のセラピーの日、本物の肉切り包丁がテーブルの上に置かれました。ユンさんはそれを見ても、もう身を縮めたりはしませんでした。

先生は言いました。「大丈夫ですね。じゃあ目をつぶって」

ユンさんは目を閉じました。

「目の前にお父さんがいることを想像してください。お父さんが見えますか」

「はい、お父さんが見えます」

「どんな顔をしていますか」

「とても痩《や》せているけれども、にこにこしています」

「あなたは何かお父さんに聞きたいことはありませんか」

ユンさんは目の前に父がいるかのように、問いかけました。

「お父さん、私はあのとき、お父さんの肉が削《そ》がれるのを見て、お父さんはどんな気持ちだったのかと思うと、いつも辛《つら》くて、悲しくて。お父さんのことがいつも心にかかっているんです。お父さんはあのとき、どんな気持ちだったんですか」

目を閉じているユンさんの息づかいが荒くなりました。

「お父さん、お父さんはきっと悔しかったでしょう。お父さんを切り刻んだ人たちをいつか見つけて、復讐してやりたい。そう思って私は一生懸命勉強してきたんです。私がどんな思いで生きてきたか、お父さんがどんな悔しい思いをしたか、その人たちにきっと思い知らせますから」

ユンさんがそう言ったとたん、今まで穏やかだった先生が、強い調子で言いました。

「お父さんがどんな顔をしているか、もう一度よく見なさい」

するとユンさんは、「お父さんは今とっても悲しい顔をしています」と言いました。

「じゃあ、どうして悲しいのか聞いてごらん」

「お父さん、あのとき、あんな思いをして悲しかったんですよね」

と、ユンさんは同意を求めるように言いました。

「私がかならずお父さんの恨みをはらしますから」

先生が再び強い調子で言いました。

「本当にあのときどんな気持ちだったか、お父さんに聞いてごらんなさい」

「お父さんは切り刻まれるとき、どんな気持ちだったんですか」

「お父さんは何て答えた？」

「お父さんは何も言いません」

「よく聞いてごらん、もう一度質問して、よく聞いてごらん」

ユンさんは同じ質問を繰り返しました。

次にユンさんが口を開いたとき、今までとは口調がまったく違っていました。

「お父さんはこう言っています。

『お父さんは力尽きて死んでしまったけれど、こんな自分の肉を何人かの人が食べて生きのびて、どこかの島に着けるかもしれない。その中にはきっとお前もいると思った。だからお父さんは自分がそのまま海に投げ捨てられて役に立たないより、ずっとよかったと思っているよ。刻まれているときは全然悲しくなかった。皆、追いつめられていたから、ああいうことをしたんだ。今悲しく思っているのは、お前が仕返ししようと思っていることだ。お前のそういう気持ちがお父さんは悲しいんだよ』」

それを言ったとたん、ユンさんの目から涙がどっと溢れだしました。ユンさんは、声を上げて泣きだしました。セラピストの先生も、そばにいたエリザベスも一緒にユンさんを抱きしめて泣きました。

「人を許して、喜びのうちに生きなさい」

ユンさんが涙が涸《か》れるほど泣いたあと、先生は再び尋ねました。

「見てごらん、まだお父さんが見えますか」

「はい、見えます」

ユンさんはそう答えました。

「今、お父さんはどんな顔をしていますか」

「にっこり笑っています」

「じゃあ、何て言っているか聞いてごらん」

しばらく目を閉じて気持ちを集中させたあと、ユンさんはこう言いました。

「お父さんはこう言っています。

『お前は今までずっと恨んだり悲しんだりしてきたから、また恨む気持ちが起こってくるかもしれない。けれども本当に大事なことは、人を許すことなんだよ。人間は悪人になりたくてなるんじゃなくて、追いつめられてなるんだから。

お前も許されているんだから、まず人を許しなさい。お父さんはあのとき死ぬのが運命だったんだ。あんなに痩《や》せこけて、肉なんかひとかけらもないような自分のからだが人の役に立って、お前がこうして生きて、ちゃんとした生活をしているのが、どれほどうれしいか。だからまず許しなさい。許して、喜びのうちに生きなさい。それがお父さんがお前に望むたった一つの望みだ』」

「もう一度、その言葉を繰り返しなさい」

先生は、ユンさんに何度も今の言葉を繰り返させました。そして最後に尋ねました。

「あなたは、どんなメッセージをお父さんから受け取りましたか」

「人を許し、喜びのうちに生きなさい、ということです」

それから先生は肉切り包丁を指さして言いました。

「じゃあこれを見てごらん、この肉切り包丁と話してごらん」

けれども、ユンさんは黙っていました。

「じゃあ、肉切り包丁になってごらん。私は肉切り包丁ですと言って、包丁の言葉でしゃべってごらん」

ユンさんは一言ひとこと噛《か》みしめるように、ゆっくりと言いました。

「私は肉切り包丁です。研《と》ぎ澄まされた肉切り包丁。先がとがっていて鋭いから、どんなに硬い骨と骨の間にも刃を入れ、鋭い刃で肉を削ぎ落とします。けれども私は一人では動けません。私は素晴らしい名品なのですが、誰かが自分を握ってくれないと、生かされないんです。その人の使い方が悪いと、人も殺してしまいます。この素晴らしい私は、誰がどのように使うかによって変わってきます」

先生は尋ねました。

「その肉切り包丁を動かすのは誰ですか」

「私です」とユンさんは答えました。

「じゃあ肉切り包丁はあなたの何ですか」

「私の持っている力です」

「それで何を学びました？　何を肉切り包丁が教えてくれましたか」

「自分の持っている力を、人を許して、人を幸せにすることに生かせるし、逆に人を恨んで殺すことにも使えます。自分の力をどう使うかは、自分の責任。選択権は自分にあるんだということを学びました」

こうして、ユンさんの刃物への恐怖は消え、過去の傷や恨みも癒《い》えていったのです。

エリザベスはセラピーの最後まで、ずっとユンさんのそばにいました。ユンさんにとっても、そばにエリザベスがいてくれることが、大きな支えになっていました。

「ユンさんは『必要なら、自分のことを他の人に話してもいい』と言ってくれていますから」と言い添えながら、エリザベスはこの話を私に語ってくれたのです。

友のために命を棄てる愛

人その友のために己の生命を棄《す》つる
之《これ》より大なる愛はなし。（ヨハネによる福音書　十五章）

この聖書の言葉が冒頭に捧げられた『生存者』（平凡社刊）という本があります。これは、一九七二年に起きた飛行機墜落事故から奇蹟的に生還した人たちの記録を、イギリス人のジャーナリスト、ピアズ・P・リードが綴《つづ》ったドキュメンタリーです。

エリザベスからユンさんの体験を聞いたとき、二十年以上も前に読んだこの本の話を思い出しました。少し長くなりますが、内容をご紹介したいと思います。

一九七二年十月十二日、南米のウルグアイからチリに向けて飛び立った、ラグビー・チームの十五人のメンバーと彼らの家族や友人を乗せたチャーター機が厳寒のアンデス山中に墜落しました。

八日間にわたって、チリ、アルゼンチン、ウルグアイの三国が遭難機を捜索しましたが、手掛《てが》かりはつかめず、四十五人の乗員・乗客の生存は絶望視された状態で、捜索は打ち切られました。

十週間後、アンデスの山深く、人里離れた谷間で牛の番をしていたチリ人の農夫が、急流の対岸に二人の男の姿を見かけます。彼らは狂ったような身ぶりをし、哀願するようにひざまずきました。農夫は彼らをテロリストか何かだと思い、そのまま立ち去りました。

翌日、同じ場所に戻ってみると、二人はまだそこにいて農夫に合図を送っています。

農夫は、紙切れと鉛筆を包んだハンカチを対岸に投げました。それを受け取った髭《ひげ》がぼうぼうとした泥まみれの男は、紙に何かを書いて農夫に投げ返しました。

「私は山の中に落ちた飛行機から来た。私はウルグアイ人で……」

紙には、このように書かれていました。生存者は十六名でした。

「これは肉なんだ」

『生存者』は、彼らがいかなる苦難に耐え、いかにして生きのびたかという物語です。アンデスの雪の中に閉じ込められた人たちが、極限状況の中で生きるために選ぶ道は一つしかありませんでした。食糧はひとかけらのチョコレートだけになり、重傷を負った人が一人、二人と力尽きていく現実を目の前にして、その一つの方法が何をすることかを、生き残った人たちは気づきはじめていました。

「これは肉なんだ」

墜落から十日が経ったとき、生存者の一人がこう切りだしました。彼は熱心なカトリック信者でした。

「ただそれだけのものなんだ。彼らの魂《たましい》は肉体を離れて、今は神とともに天国にいる。

あとに残されたものは単なる死骸で、私たちが家で食べている牛の肉と同じものだ。もう人間じゃないんだ」

食べなければ死ぬしかない。自分自身のために、そして家族のために、私たちには生きつづける義務がある。神は私たちが生きることをお望みになり、友の死体という形でその手段を与えたもうたのだ。もし神が私たちに生きることを望んでおられないのなら、自分たちは墜落と同時に死んでいただろう。いたずらに神経質になって、この生命の贈り物を突き返すのは、誤りである……。

他の人たちも話し合いに加わりました。

「しかし、神が死んだ友の肉を食べよとお望みになるようなことを、私たちはこれまで何かしてきただろうか」

ラグビー・チームのキャプテンがそう言うと、皆の間に一瞬、ためらいが生じました。そのとき、チームのメンバーの一人がこのように言います。

「彼らはどう考えると思う？　僕にはわかっている。もし僕の死体がきみを生かすために役に立つとしたら、僕は喜んでそれを利用してもらうよ。もし僕が死んで、きみが僕の死体を食わなかったら、魂がどこにいようとそこから戻ってきて、きみの尻を思いっきり蹴飛《けと》ばしてやる」

この言葉が、救いとなりました。友の肉を食べるという考えに内心強い嫌悪《けんお》を抱きながらも、彼らはその場で協定を結んで、今後誰かが死んだ場合は、その亡骸《なきがら》を糧《かて》とすることに決めます。

神の手を感じるとき

生還後、十六人の生存者は、英雄としてだけでなく、奇蹟の生きた化身《けしん》として尊敬され、もてはやされました。彼らが命をつないだというチーズと草は、ヨハネの福音書に出てくる大麦のパンと魚と同じく、ささやかな食べ物のように思われました。

けれども、彼らの生存が死者の肉を食べたことによるものだというニュースが漏《も》れると、マスメディアはたちまち騒然となります。生存者一人ひとりへの執拗な取材攻勢が始まり、彼らはそれを避けるために記者会見で真実を語ることを決心します。

「朝、山々の静寂の中で目覚め、四方に雪を冠《かぶ》った山頂を眺めるとき、それは壮麗で感動的で、威厳に満ちた眺めです。人は、神の存在を別にすれば、まったく孤独であると感じるのです。私たちは神の存在を断言することができます。私たちはみな心の中でそう感じました。だからといって、それは私たちが宗教的教育は受けていても、いつも朝から晩まで祈りつづけるような敬虔《けいけん》な若者だったからではありません。

しかし、あそこでは人は神の存在を感じるのです。とりわけ神の手と呼ばれるものを感じ、その手に導かれようという気持ちになるのです……。やがて食べるものが何もなくなったとき、われわれはみなこう考えました。

イエスが最後の晩餐《ばんさん》の席で、その肉と血を弟子たちに分け与えたのなら、それはわれわれにも同じことをせよ――つまり仲間同士の私的な聖体拝領《せいたいはいりょう》として、肉と血を食べよ、という教えなのではないかと。われわれはそのおかげで生きのびることができました」

生存者の一人が語り終えたとき、会場に集まったすべての人びとが、彼の話に深く感動していました。

十六人の生還者は、残りの二十九人の家族にとって自分の子どもたちの死の確証でした。しかし、彼らの親たちは自分の息子たちが示したのと同じ、無私の精神と勇気を持って、十六人の生存者の周りに集まり、彼らの行為に深い理解を示します。

カトリック教会も、彼らの告白にすばやく対応し、聖体拝領と同じであるということは否定しながらも、確実に迫りくる死を避けるために、彼らが冷静で敬虔な精神によって決断をくだし、唯一の入手可能な食糧を食べた事実を正当化する声明を出しました。

厳寒の山上での試練は、彼らの生き方を根源から変えてしまいました。お金や栄誉は無意味になり、怠惰な生活を軽蔑するようになります。虚飾が日ごとに一皮ずつ剥《は》がされていき、最後には彼らが真に愛するもの――家族や友、神への信仰や祖国だけが残りました。

そして、自分たちが苦しみの中から学んだ愛と自己犠牲の教訓を、他の人たちにも教えたいと切望します。自分たちの経験を何らかの形で役立てたいという使命感に駆《か》られ、隣人を自分と同じように愛するということの意味を世の人たちに示す義務があると考えるようになります。

「人がその友のために自分の命を棄てること、これよりも大きな愛はない」――愛とは何かということを問うとき、私はこの聖書の言葉が一つの試金石になると思います。「命」とは、極限状況に置かれたときの「肉体的な命」とは限りません。それは「自分自身」と置き換えることができます。

「生存者」の人たちと同様、ユンさんもそのような愛の境地を目指して生きるように変わっていったのではないでしょうか。

無意識の世界に呼びかける

さて、エリザベスの話に戻りますが、彼女はユンさんのセラピーを見ながら、自分もユンさんと一緒に癒《いや》されていくような気がしていました。彼女も両親を一度に失い、半身不随となり、猫恐怖症に脅《おびや》かされていますけれども、自分はユンさんのような壮絶な悲劇を目の前で体験したわけではないし、ユンさんに比べれば自分はどれほど恵まれているだろうかとも思いました。

そして猫の恐怖をどのように取り除いていったらいいのかを、自分で理解しました。事故のショックをからだが覚えてしまっているために、恐怖心が自動的に起こってしまうのです。ですから頭に言い聞かせるより、「怖がらなくていい」ということをからだに教えてあげればいいのだと、エリザベスは気づきました。

ユンさんのセラピーが終わってから、先生がエリザベスに尋ねました。

「あなたは、これからどういうふうに自分を癒しますか」

そこでエリザベスは、ここ数カ月の間に考えていたことを告げました。

「禅寺に行ってしばらく瞑想してみようと思うんです」

それから彼女は、ニューヨークにある禅寺にひと月こもって修行しました。禅の修行により、自分のからだの中に起こってくる反応を静かに見つめ、深い無意識の世界まで、心を集中して落ちつけることを学びます。

その後、再びセラピストの先生のもとへ行き、自分の無意識の世界に呼びかけるセラピーを受けました。猫を見ると湧き起こってくる恐怖心に対して、呼びかけるのです。

「恐怖心よ、あなたは事故のショックから私を守るために起こってくれている。でも、あの事故はもう過ぎたことだから、もう恐れによって私を守ってくれなくていいのよ。もう怖いことはないから、行ってしまっていいのよ」

そんなふうに、恐怖心と戦うのではなく、恐怖心にやさしく呼びかけたのです。

そのあとで猫を思い浮かべて話しかける訓練をしました。最初に思い浮かべたのは、小さな子猫が相手です。

「かわいい、かわいい子猫。あなたはもう私のお友だちだから、あなたが私を脅かさなくていいのよ。私は恐怖心で自分を守る必要もないから、あなたも私を脅かして私を守ってくれようとしなくてもいいのよ」

それから今度は大きな猫を思い浮かべて、呼びかけを繰り返します。

次の段階では、先生が本物の子猫の泣き声を遠くで聞かせました。最初はエリザベスもびくっとするのですが、「あれはあなたの友だちの子猫でしょう」と言われると、平静を取り戻すことができました。

次の週には子猫を遠くのほうで見せました。その距離をだんだん近くして、猫の大きさもだんだん大きくしていきます。

セラピーを半年ほど続けたあとで、彼女はついに猫の恐怖から完全に脱したのです。

初対面の青年が目撃した亡き母の姿

セラピーが終わったあと、エリザベスは、自分もセラピストになりたいという思いを強く抱くようになりました。

ナイフが怖い、猫が怖いと言っても、普通の人は「そんなこと、何でもないじゃない」と片づけてしまいます。けれども本人にとってはその苦しみがどれほど大きいかということを、自分やユンさんの体験をとおして彼女は深く理解したのです。そして自分が助けられたように、心に深い傷を受けて苦しんでいる人を助けたいと思うようになりました。

その後エリザベスは心理学を専攻し、セラピストになるための勉強を始めました。アメリカでセラピストになるのは精神科医になるのと同様、大変です。けれども彼女は必死に勉強して大学院の博士課程を修了し、国家試験もパスしてセラピストになりました。

エリザベスがセラピストとして自宅で開業してまもなくのこと、交通事故で母親を亡くしたという若い青年が相談に訪れました。

エリザベスも彼と同じ経験をしているので、彼の苦しみがよくわかりました。彼の心の中には、母親がなぜ自分だけを残して死んだのかという怒りや痛みが、たくさん鬱積《うっせき》しています。エリザベスは言いました。

「目を閉じて、あなたのお母さんを目の前に思い浮かべてください」

すると目を閉じたまましばらく黙っていた青年は、こんなことを言いました。

「お母さんじゃない、知らないほかの女の人が見えます」

「どんな人ですか」

「ちょっと白髪になりかけた金髪の中年女性です。グリーンの大きな格子縞《こうしじま》のジャケットに、茶色のスカートを着ています。背が高くて、ちょっと面長《おもなが》で、とても穏やかな表情で、にこやかに微笑《ほほえ》んでいます」

「では、あなたは誰ですか、って聞いてください」

「聞いてみましたが、『誰なんて言わなくても、わかります』って言ってます」

「じゃあ何を伝えたくて今そこにいるのか、お話ししてみてください」

青年の口から出た次の言葉に、エリザベスははっとしました。

「彼女はこう言ってます。

『エリザベスもあなたも、お母さんを交通事故で亡くしました。あなたはお母さんが先に死んでとても寂しい思いをしていますね。お母さんはどうして自分だけを残して死んでしまったのかと怒りの気持ちでいっぱいのようだけど、でもエリザベスを見てごらんなさい。エリザベスもとても辛い経験をしたけれど、今こうしてあなたを助けられるようになったでしょう。

もし彼女が健康で恵まれた環境にずっといたら、映画スターになっていたかもしれない。少なくとも、自分の家の中にじっと座って、あなたと話をするような道は選ばなかったでしょう。

エリザベスの顔を見てごらんなさい。彼女は今、深い落ちついた喜びを味わっているでしょう。ああいう喜びを味わえるのは、自分の苦しみを通りぬけたからこそなんですよ。私は母親として、エリザベスのことを本当に誇りに思っています』」

青年が見た金髪の中年女性というのは、エリザベスの母親だったのです。エリザベスはその青年に自分の過去については話していなかったのに、彼が描写した風貌は母とそっくりで、服装も母が亡くなるときに身につけていたものと同じでした。

エリザベスは涙を流しながら、「お母さん、お母さん」と呼びかけましたが、彼女には何も見えません。さらに青年をとおして、こんな言葉が語られました。

「あなたが苦しんで、エリザベスのところへ来てくれたおかげで、私はこうしてあなたをとおして、メッセージを娘に伝えられる。苦しむ人たちは、どうにかしてそこから逃《のが》れようとするけれども、苦しむことだけで人の役に立っているのですよ。あなたが苦しんで、私を呼んでくれたからこそ、私はこうしてあなたのところへ来られて、エリザベスにいつも伝えたい、伝えたいと思っていたメッセージを伝えられたんです。

エリザベスも苦しみ、車椅子で生活しなくてはいけないからだになったけれど、そのおかげでこうして人の痛みをともに味わえる人間に成長していったんです。だから、すべてが祝福なんですよ」

それだけ言うと、青年の前からエリザベスの母親の姿は消えたそうです。

苦しみが人を癒す

長い話のあとで、エリザベスは感慨深げに言いました。

「事故に遭い、猫のフォービアで苦しんだこと、ユンさんとの出会いや、セラピストの道を選んだのも、今思うと、すべてが自分では想像もできないような大きなはからいによるものではないか、という気がします。

見知らぬ青年から母のメッセージを受け取って以来、私のところへセラピーを受けに来る人、この世で出会う人すべてが、何か深い絆《きずな》で結ばれているように思えるのです」

私も、エリザベスの言葉に深く頷《うなず》きました。

「そうですね、私とあなたが出会って、私が二人の日本の青年たちの話をしたのも、人間の根底にある深い部分を分かち合い、その絆を強めるために、そのような機会が与えられたのかもしれませんね」

私は彼女の話を聞いて、やはり人間は皆深いところで繋《つな》がっている、偶然ということは一つもあり得ない、すべては意味があって起こっているのだ、ということを確信せずにはいられませんでした。

人がさまざまなことで苦しむことにも、きっと意味があるのです。苦しむことによって人は成長し、それを乗り越えた人が今度は他の人の苦しみを癒していきます。猫のフォービアを克服し、癒されたエリザベスが、今度は人を癒したいと思ってセラピストになったように。

そういう意味では、苦しみさえも祝福された存在です。だからこそ、苦しむ人のそばに届けられたすでにこの世を去った人たちからのメッセージは、皆、愛と許しに満ちているのではないでしょうか。

第四話

不倫の末に自殺した女性の真実

発覚した不倫関係

「毎日、良心の呵責《かしゃく》に耐えかねています。これが一生続くかと思うと、生きている気がしません」

あるとき、知人の紹介で私のもとに相談に訪れたその中年男性は、暗い顔でそう言いました。年齢は四十六、七歳の長身で精悍《せいかん》な雰囲気の男性です。話し方もしっかりしていて、いかにも仕事をてきぱきとこなせるタイプのように見えました。

「いったい何が起こったんですか」と私が聞くと、彼は、「本当に恥ずかしくて、口に出すのが憚《はばか》られるようなことですが」と前置きをしてから、語りはじめました。

四年前のこと。大手メーカーに勤める武田省吾さんは、会社の部下の女性と恋愛をしていました。彼には奥さんがいましたから、世間でいう不倫です。ちょうど部長への昇進を控えていた時期でもあり、会社の同僚たちにも家族にも、知られないように気をつけていたつもりでした。

けれどもまもなく、奥さんが夫の微妙な変化に気づきます。不審に思った妻に問い詰められ、武田さんは部下の女性との関係を認めざるを得ませんでした。

「あなたに限って、そんなことをするはずないと信じていたのに……。私たちの関係はいったい何だったの。彼女とすぐに清算できないなら、この家も会社もどうなろうとかまいません。私にも覚悟があります」

奥さんは怒りと悲しみで、語気を荒げました。

会社の中でも、少しずつ二人の関係が漏《も》れはじめ、家庭でも会社でも不穏《ふおん》な空気に囲まれて、武田さんは辛い立場に立たされます。相手は、総務部の二十八歳の未婚女性でしたが、彼女も周りに上司との関係を知られて、職場にいづらくならないはずはありません。

ある日、武田さんは、彼女から深刻な表情で話があると言われ、会社から離れた隣町の喫茶店で待ち合わせをしました。

「このままでは、辛くて耐えられません。武田さんのことが本当に好きなんです。私と結婚してください。そうできないのなら……」

彼女にとっては悩んだ末、やっとの思いで口にした言葉だったのでしょう。

妻からも彼女からも決断を迫られたことで、武田さんは八方塞《はっぽうふさ》がりになったように思いました。家庭は崩壊、会社はクビ、という悲惨な状況が浮かんできます。

「彼女と結婚できるならしたい。だが、それでうまくいくのだろうか」

彼女のすがるような視線から目を逸《そ》らした彼は、頭の中でこう考えていました。

彼女への愛情のために、妻を簡単に捨てることはできない。子どもはどうなる？　親のエゴでかわいそうな目に遭《あ》わすわけにはいかない。仕事にも差し障《さわ》りが当然出てくるだろう。自分には彼女を選ぶ勇気も資格もない。もしすべてを捨てて結婚したとしても、彼女を幸せにすることができるだろうか……。それは、彼女との恋愛が始まってから、何度か彼の頭をよぎったことでした。抑揚《よくよう》のない口調で彼女に言いました。

「きみのことは愛している。でも、妻へも別の愛情があるんだ。離婚して、きみと一緒になる自信はない。初めから結婚はできないと、わかっていたはずだろう。きみにはすまないと思うが、僕は、お互いのためにも、もう別れたほうがいいと思う」

その言葉に、彼女はひどいショックを受けたようでした。顔は青ざめ、唇がかすかに震え、涙をこらえているのがわかりました。

「ここで愛情を示したら、彼女は思いを断ち切れないだろう。冷酷な人間だと、嫌いになってもらったほうがいいんだ。邪険《じゃけん》に突き離したほうがいいんだ」

彼はそう自分に言い聞かせ、感情を押し殺して彼女に別れを言い渡したのでした。

「そうですか……」

彼女は小さな声でそれだけ言うと、席を立ち、喫茶店から出ていきました。彼は無言のまま彼女を行かせ、しばらく店の中に留《とど》まっていました。

もし彼女が外で待っていたら、情にほだされて別れられなくなる。そう思ったからです。

別れの言葉を口にしたものの、彼の頭からは彼女と過ごした日々が離れません。それどころか、小首を傾《かし》げて話を聞いたり、口を尖《とが》らせて拗《す》ねてみせる、彼女の小さな癖の一つひとつまでもが、たえず浮かんできます。

「僕に妻子がいるのは承知のうえだったんだ。こんな幕切れもお互い予想していたんだ。まだ彼女は若い。ほかにもっとふさわしい男はいくらでもいるだろう。これでよかったんだ」

彼女を追いかけていきたいという欲求を必死で押さえて、無理矢理、自分を納得させました。

自殺を選んだ女性

次の日、彼は、彼女が自殺したことを知りました。彼と別れたあと、自分のアパートで睡眠薬を飲んだのです。枕元に彼に宛てた遺書が見つかりました。

「武田さん。

ありがとうございました。

幸せな一生でした」

たった三行の短い遺書。彼の名前が書いてあったことで二人の不倫は衆知の事実となりました。当事者や家族にとっては辛い深刻な出来事でも、他人から見れば格好の噂《うわさ》の種です。結局、武田さんは好奇の目に耐えきれず、会社に留まることができなくなりました。そして、大手メーカーを辞めて、名もない小さな会社に移りました。

この事件をきっかけに、エリート・サラリーマンの人生はすっかり狂ってしまいます。奥さんとの間も離婚にこそ至りませんでしたが、すっかり冷えきったものとなりました。暗く重苦しい再出発です。武田さんにとって、必死に働くことだけが、それを跳ね返す方法でした。もともと能力のある人でしたから、三年ほど経つと仕事もだんだん軌道に乗ってきました。

ところが、自殺騒ぎのことも忘れられ、すべてがうまく収まってきたかに見えたころ、突然、ひどい精神的な落ち込みが武田さんを襲いました。自分の胸の中に、「お前は人殺しだ」という声が聞こえてきたのです。それまでは周りの非難にもやっとの思いで耐え、ここでだめになったらおしまいだという意地もあり、がむしゃらに働いてきました。「とにかく普通に生きていかなければいけない」と思った彼は、過去を封印し、振り返らないようにしていました。

ところが、精神的なゆとりができた今、心の隙間に罪悪感が忍び寄り、生きていくために葬り去っていた〝良心〟が、あらためて痛みだしたのです。

別れを冷たく言い放ったとき、唖然《あぜん》としながら自分をじっと見つめていた彼女の目。あのとき、彼女は無言で自分のことを責めていたのだ。その目が、今もどこからか自分をじっと見つめているような気がしてなりません。

あんな冷たい言い方をしなければ……。しかし、だからといってほかに方法があったのだろうか。席を立った彼女を引きとめて、もっと時間をかけて話せばよかったのか。彼女をなるべく傷つけないように、ゆっくりとした自然な別れになるようにすればよかったのか。そんなことを演出できる質《たち》ではないのは、自分でも承知だったはずだ――。

彼女が亡くなってから、感情を抑え込み、ともすれば湧きあがる自責の念を振り払おうとしていただけに、その分を取り返すかのように、四六時中、責める声が聞こえました。

このままではノイローゼになりかねないと思った彼は、私のところへ相談に訪れたのでした。

「死せる人の霊魂がやすらかに憩《いこ》わんことを」

彼の様子があまりに深刻だったので、私は時間をじゅうぶんに取って、彼の話を聞くことにしました。四十代の男性が不倫をして、しかもその相手が自殺したということを、見知らぬ人間に話すには、たいへんな勇気がいったことでしょう。

彼は終始、冷静さを保ち、しっかりした口調で話していましたが、それがかえって自責の念の強さ、苦悩の深さをうかがわせました。

それでも、すべてを話し終えたあと、武田さんは、「聞いていただいて、少し楽になりました」と言いました。

彼のひどい精神状態を察した私は、祈りました。そして、祈りの中から私の口をついて出た言葉は、次のようなものでした。

「たとえ人を恨んで自殺したと思われるような死に方をした人であっても、最期の息を引きとる瞬間に、神様は慈悲をもってその人を許し、その人の心を癒し、至福の世界に招かれるものです。だからあなたも、彼女が至福の中にいることをイメージして、彼女の魂がやすらかであるように祈ってあげてください。私も祈りで支えていますから」

そして、私たちがいつも祈りの際に唱える、

「願わくば、死せる人の霊魂がやすらかに憩《いこ》わんことを」という言葉を教え、自責の念が湧き起こってくれば、この言葉をつぶやきながら、輝かしい光に満ちた世界をイメージするようにと言いました。

彼のような精神を苛《さいな》まれている人に、「自分を責めることは何の意味もないから、自分を責めるのをやめなさい」と言っても、逆にますます自分を責めるばかりです。それよりも、自分の意識を違う方向に向かわせる訓練をしたほうがいいと思ったのです。

人間は心の傷を思い出させるようなものに出会うと、当時と同じように打ちのめされ、嫌な気持ちが湧き起こってきます。昔の記憶とそのときの感情はずっと絡《から》み合い、心の深いところに刻まれているのです。

ですから、過去の辛い体験の記憶が、以前のように心を傷つけることはないということを学ぶのは、とても大切なことです。起こった事実は変えられませんが、それに対する思いは変えることができるからです。

そのためには、過去の場面を再現し、そのときの感情を封印しないで、思い起こしていく過程が必要となります。ひどいショックを受けた人ほど、最初に傷の浅い記憶から始めていきます。そして徐々に不快な辛い記憶へと移っていくのです。

「その女性と一緒に過ごした幸せな時間もあったでしょう。辛いときは、そのときの彼女の顔を心に浮かべ、二人でどのような感情を分かち合っていたのか、思い起こしてください。そして、至福の光の中にいる彼女をイメージしてください」

そのように私が助言すると、武田さんは、祈りの言葉を何度かつぶやき、「やってみます」と言って、帰っていきました。

不気味な偶然

それから二年後、武田さんは再び私のもとを訪れました。最初に会ったときとはあまりにも印象が変わっているのに、私は驚きました。久びさに会った彼は、まるで憑《つ》きものが落ちたように、すっきりした顔をしているのです。彼は自分に起きた変化の理由を話してくれました。それはある出会いがきっかけでした。

あるとき、彼は広島への出張のため新幹線に乗りました。隣の窓際の座席には、眼鏡《めがね》をかけた若い女性が座っていて、本を読んでいました。

彼は窓の景色を見たとき、そこに映っている彼女の横顔を見て、ぎくっとしました。自殺した昔の彼女にとてもよく似ていたからです。

すらりとした華奢《きゃしゃ》なからだつき、シンプルな洋服を着こなすセンス、化粧っけのない顔。外見だけでなく、漂わせている清楚《せいそ》な雰囲気までそっくりでした。

最初は二人とも黙っていたのですが、何かの拍子に彼女が眼鏡を落とし、それを彼が拾ってあげたのがきっかけで、言葉を交わしました。初めのうちは当たり障《さわ》りのない話をしていたのですが、彼女は何か感じるところがあったのか、自分の身の上話を始めました。

自分は会社勤めをしているOLで、旅に出てきたのは、好きになった人を忘れるためであること。相手は、結婚している上司で、彼のほうも自分を思ってくれていること。けれども、不倫の関係にはなりたくないし、彼の家庭を壊すつもりもないので、気持ちを整理するために休暇を取ったこと。そして、なるべく長い間汽車に乗ってどこかへ行こうと、この博多行きの新幹線に乗ったというのです。

「だから目的のある旅じゃないんです」

そう言って、彼女はふっと静かに、寂しそうに微笑みました。

死んだ彼女の面影を彷彿《ほうふつ》とさせる女性が、こちらからは何も聞かないのに、そんな話をしてきたことが武田さんには不気味でした。ですから、身構えるように彼女の話を聞いていたのですが、彼女の静かな微笑みが彼の緊張感を少しずつときほぐしていきました。

出会いは賜物《たまもの》

武田さんは、自分も思い当たることがあるせいか、彼女の話に親身になって耳を傾けはじめました。お互いに旅の道ずれ同士、身分も名前も明かしていませんでしたから、彼女も気軽に話すことができたのでしょう。

ありがたいことに、彼女は彼のことは何も尋ねませんでした。彼は安心して聞き役に徹していられました。

彼女は上司とは不倫の関係ではないと言いましたが、諦《あきら》めた口調の中にも、溢《あふ》れ出るような情熱は隠せるものではありません。彼は、彼女の様子から、おそらく二人は本当は深い仲だったのだ、ということを察しました。

ずっと黙って彼女の話に耳を傾けていた彼は、自分が過去に起こした事件をありありと思い出していました。

恋人だった彼女に、最後にひどい仕打ちをしてしまったと、悔やまれて仕方がありません。彼女は苦しみぬいたあげく、やっと自分の気持ちを伝えたのに、自分は冷酷に彼女を見捨ててしまった。今、目の前にいるような若い女性の命を奪ったのだ。自分が犯した罪はどんなことがあっても、許されるものではない——。

息苦しくなるほど、武田さんに悔恨の情が押し寄せてきました。

ついにたまらなくなって、こう聞きました。

「もしもあなたが彼と深い関係になったとして、そのうえ、彼に捨てられてしまったとしたら、どうしますか？」

すると彼女は、にっこり笑って、「自殺するかもしれませんね」と答えたのです。

その言葉を聞いたとたん、冷水を浴びせられたような感じがしました。一瞬、あの死んだ彼女が幽霊になってここにいるのではないか、と錯覚したほどです。

それから彼女は、感慨深げにこう言いました。

「……自殺はしないかな。その場になってみないとわからないけど、おそらく自分で死ぬことは選ばないでしょう。ひょっとしたら、発作的に自殺してしまうということもあるかもしれませんけど……。でも、たとえそうなったとしても、別れるのが死ぬよりも辛いと思えるような人に出会えたことを、きっと喜んで死んでいくだろうと思います」

彼女の答えは、彼にとって思いがけないものでした。

「それは、あなたがそこまで行きついていないからそう思えるんじゃないかな。現実にそうなったとしたら、そんな生やさしいことではすまされないのではないですか。相手に冷たく突きはなされたとしたら、相手を恨む気持ちで、死んでも死にきれないんじゃないですか」

すると彼女は、はっきりとした口調で言いました。

「そうでしょうか。もし二人の間に、愛し合っていたという事実があるなら、恨む気持ちだけがあとに残ることはないと思います。たとえ裏切られたと思っても、愛が深かったならば、それだけその人に出会えたことが自分にとって本当に大切なことだったと、最後にはきっと悟るのではないでしょうか。だから人との巡り合いって、どんな悲惨な形に終わったとしても、それは人生がくれた賜物《たまもの》だと思うんです」

しかし、恋人が自分を恨みながら死んでいったと信じている彼にしてみれば、彼女の考えをとても素直に受け入れることはできません。

「ありがとうございました。幸せな一生でした」と書かれた恋人の遺書の文面――。

彼はずっと、それが自分への面当《つらあ》てに書かれたものと思っていました。痛烈な皮肉を込めた恨みの言葉だと。遺書に自分の名前を書いたのも、自分を失脚させるための復讐だと思っていたのです。

「そうだろうか。ひょっとしたらあなたはそうなのかもしれない。けれども本当に男を恨んで死ぬ女性たちもいると思う。そして、恨まれるようなことをした男は、一生、罪を背負って生きていかなければいけないんだ」

それを聞いた彼女の目には、かすかに悲しみの色が浮かびました。彼女は静かに首を横に振って言いました。

「私はそうは思いません。はた目から見て、人を恨んで死んだように見える人でも、本人は納得して、自分で選んだことです。

たとえば、私が今、彼のことを思いつめて自殺したとしても、それは私が自分で選んだ私の人生です。彼が私の死の責任を取る必要はないんです。

逆に、恋人の死の原因がすべて自分にあると思うのは、とてもおこがましいことじゃないかしら。だから、男性のほうも、罪を背負って生きる必要はないんです。

人間は過《あやま》ちを犯すこともあるでしょうけど、それを悔いることだけに人生を使うのは間違いだと思います。それよりも、自分を大事にして、自分の人生をきちんと生きていくことが、死んだ恋人へのいちばんの供養《くよう》になるんじゃないでしょうか」

彼女のひと言ひと言が、彼の胸を揺さぶりました。

自分は彼女の死も、自分の人生も、台無しにしていただけだったのだろうか――。

この四年間というもの、まるで何千本もの針に刺されつづけているような毎日だった。それが今、彼女の言葉を聞きながら、針が一本一本抜かれ、心の深いところから自分が癒されていくように感じていました。

踏みだした一歩

新幹線に乗ってから、すでに四時間近く経っています。彼女は袋の中から何かを取り出して、「食べませんか」と彼に勧めました。

それは、今どきめずらしい、竹の皮に包まれたおにぎりでした。竹の皮をほどくと、四つのおにぎりに、たくあんが添えてあります。それを二人で分け合って食べながら、彼は、からだの芯からあたたかいものがこみあげてくるような感じがしていました。

「願わくば、死せる人の霊魂がやすらかに憩《いこ》わんことを」

彼は心の中でこう唱えました。すると、いつも思い浮かべていた光の中に恋人の姿が浮かび、「ありがとうございました。幸せな一生でした」と微笑みながら自分に語りかけているような気がしました。自分は彼女に許されているのかもしれない。そのとき初めて感じました。

食べおわって、「ごちそうさま」と言ったあと、彼は満ちたりて、ゆったりとした気分になりました。やがて心地いい眠気に襲われました。

うとうとしかけたとき、間もなく広島に到着するというアナウンスの声が聞こえ、はっと目を覚ましました。

ふと隣の席を見ると、そこには自殺したあの恋人が座っています。小首を傾《かし》げて、彼の瞳を覗き込んでいるのです。彼は驚いて、思わず恋人の名を呼びました。

すると、「えっ？」と声を発したのは、さっきまで一緒に話していた女性の顔でした。

彼女は自分と違う名を呼ばれたので、ちょっと怪訝《けげん》な顔をしています。

ああ、幻覚だったのかと思い、彼はあわてて荷物を下ろし、深く頭を下げて、

「ありがとうございました。お話しできて、本当にうれしかった」

そう彼女に別れを告げて、列車を降りました。

ホームには、取引先の会社の人が迎えに来ていました。二人でホテルへ向かう途中、その人が、武田さんに向かってこんなことを言いました。

「この広島の地は、どこを歩いても、その下に死者のいないところはないんです。私たちは死者の犠牲の上に、この命、魂を与えられ、そして死者たちの許しと支えによって、この広島の地を歩いているんですよ」

私たちは死者の許しと支えによって生きているという言葉が、彼の胸に響きます。

彼は、死者の地を歩きながら、かつての恋人のことを、初めて懐かしい気持ちで思い出していました。

「もし自分が彼女と出会わなかったら、人の心の痛みがわからない人間のままだったろう。そんな自分を、許しと愛を大切にする生き方へ、彼女が命をかけて導いてくれたん

だ」

　彼は、この死者の地で新しい一歩を踏み出したのです。

「許してくれ」

「あれ以来、私は彼女の遺書『ありがとうございました。幸せな一生でした』という言葉を素直に受け取れるようになりました。自分を責めるのはやめました。自分を許し、自分の人生を大切に生きたい、そしてどんな小さなことでも自分ができることを人にしてあげたい、と思うようになったのです。

　出世とは縁がなくなりましたが、今、私の心はやすらかです。彼女が許してくれたように感じます。そして私を守ってくれていることを、どこにいても感じます。

　今日は、いちばん苦しいときに話を聞いていただき、瞑想の仕方を教えてくださったことへのお礼と、ご報告のために伺いました。本当にありがとうございました」

　そう言った武田さんの表情は、素朴で親しみやすい雰囲気が溢《あふ》れ出ていました。何枚も皮が剥《む》け、人間の弱みを知りぬいた人の慎ましさやあたたかみが伝わってきます。

「もし自分の体験が他の人の役に立つなら、どうぞ使ってください」

さり気ないこの言葉は、武田さんの今の生き方をよく表わしていると、私は切ないほど感じたのでした。

広島から帰ってから、家庭の雰囲気も明るくなったそうです。それまではずっと奥さんとの間がぎくしゃくしていたのですが、彼が何も話さずとも、妻も無意識のうちに夫の変化を受けとめていました。彼女も変わっていったのです。

分裂を繰り返していた二人の関係は、調和に向かっていきました。

彼は広島から帰ってから一度だけ、かつての事件に一言、触れました。何回目かの結婚記念日の夜のことです。二人は家でご馳走を食べながら、ワインを飲んでいました。そのとき彼は奥さんに、「許してくれ」と言ったのです。

すると奥さんは、にこっと笑って、ワイングラスを上げました。そして彼も杯を上げてカチッと合わせたとき、自分は妻からも許された、と感じました。

「今、自分にとって、亡くなった彼女は、もう一人の人間ではなくなり、あたたかい聖母や観音様のように、人を超えた大きな存在となっています。そして妻や子どもたちとの間も、そのあたたかい存在に守られているような気がします」

武田さんに訪れた、奇蹟としか言いようのない意識の転換は、とことん苦しんだがゆえにもたらされたものでした。

苦しみの先を洞察する力

中世の観想《かんそう》修道院、カルメル会の修道士に、「十字架の聖ヨハネ」と呼ばれる人がいました。神学者で詩人でもあった彼は、祈りの生活のもっとも苦渋に満ちた状態を、「魂の闇夜」と呼んでいます。

魂の旅の途中には、命の源である愛の神から見捨てられたように感じる時期がありま す。内的平和の根源から切りはなされ、深い恐怖と苦痛に見舞われ、果てしない悲哀を感じる時期です。

今まで信じていたものが一つとして信じられなくなり、今まで学び、努力して身につけてきたものが音を立てて崩れていく。それはまるで、嵐の中の荒野を道標《みちしるべ》もなく、一人さまようようなものです。

苦しみが激しすぎると、孤独と頼れるものが何もない恐怖感に襲われ、絶望に見舞われ、抑鬱《よくうつ》状態が続き、無気力感に支配されてしまいます。こうしたときは、道先案内人が必要です。

十字架のヨハネは、「魂の闇夜」を通っている人に、その苦しみに直面するよりほか術《すべ》はないことを教えました。

彼は、この時期を内面の火事に譬《たと》えています。魂に火がついて、長年の間に築きあげた確信や信念や考えが、全部焼き尽くされてしまいます。

生きていく「拠《よ》りどころ」を失い、無にも等しい状態になった人は、そうした状態を受け入れ、勇気を奮い起こしてひたすら耐えぬくと、やがて「自分自身の本質」へと近づけられていくようになります。内なる癒しを体験し内なる平和への源と結ばれていくような、楽に暮らしているときにはとうてい思いおよばない、自分の中の深みに触れるのです。

死ぬほどの思いをしながら、苦しみの極限を通りぬけた人たちは、けっしてもとの状態には戻りません。どんなに傷ついても、「内なる癒しの力」によってめざましい回復を遂げ、底知れぬ力と叡智を発揮します。

苦しみぬいて、自暴自棄になってしまう人もいるけれども、武田さんには苦しみの先を洞察する力があったのでしょう。出会ったころの彼と今の彼を見比べて、十字架のヨハネの教えに匹敵する大転換を見る思いがしました。

第五話

雪原に咲いた一輪の椿

祖母の死の直後、行方不明になった娘

「娘にいったい何か起こったのか、今でも釈然としないのですが、亡くなった義母が素晴らしい贈り物をしてくれたということだけは確かな気がします」

講演先で知り合った岩淵聡子さんは、そう言って、娘さんが体験したおとぎ話のように不思議で心に染《し》みいる話を私に語りました。

聡子さんのお義母《かあ》さんが亡くなったのは、二月のある寒い日のことでした。その日は、朝から雪がしんしんと降りつづいていました。

聡子さんが嫁いだ家は新潟の農家で、今も昔ながらの広い家に大家族で暮らしています。すでに九十歳近いお義母さんは、ひと月ほど前から寝たきりの状態でした。数日前に昏睡状態に陥り、いよいよ今日か明日が危ないということで、家には近所に住む親戚の人たちが集まってきていました。

六歳になる娘の道子ちゃんには、おばあさんが死ぬということは理解できませんでしたが、家の中がいつもと違って騒々しく、異様な雰囲気に包まれていることは感じ取っていました。

聡子さんは、ひと回り以上年上の夫のもとに嫁ぎ、道子ちゃんを産んだのが三十代の半ばでした。ですから、道子ちゃんとおばあさんは、ひ孫と曾祖母と言ってもおかしくないくらい年が離れています。

聡子さんは、小さな子どもに人間の死を見せるのはまだ早すぎるのではと心配しました。大きなショックを受けて、のちに影響が出てしまうのではないかと怖れ、娘をなるべくお義母さんのそばに寄らせないようにしていました。

道子ちゃんが母親の姿を求めて、おばあさんが寝ている部屋の障子を開けるたびに、「道子は向こうのお部屋で一人で遊んでいらっしゃい」と、聡子さんは少し叱るような口調で言ったものです。

お義母さんはその日の午後二時過ぎ、昏睡状態から目覚めることなく、静かに息を引き取りました。

聡子さんは悲しみに浸《ひた》る暇もなく、遠くに住んでいる親戚に連絡を取ったり、お悔やみに駆けつけてくれた人びとに挨拶をしたり、葬儀の手配や、食事の世話を頼んだりと忙しく働かなければなりません。田舎では通夜・葬式からその後の会食まで、家の中で行ないますから、喪主の妻である聡子さんは、あわただしさで一時も息をつけない状態です。

家の中の異変を感じ取った道子ちゃんが、不安気な表情で聡子さんに纏《まと》わりついてくると、「あっちに行ってなさい」と繰り返すしかありません。

家の中は知らない人が大勢います。みんなこわばった顔をして、ひそひそと内緒話をしているようです。道子ちゃんはお母さんだけでなく、ここにいるみんなからも邪魔物扱いにされていると感じて、ますます心細くなりました。ふと、窓の外を見ると相変わらず、雪が降りつづいています。

「みんな、道子のことをあっちに行きなさいって言った。道子はここのおうちにいちゃいけないいんだ」

家の中に居場所がないと思い込んだ道子ちゃんは、外へ飛び出していきました。

知らせを待つ家族の沈黙

夜になっても雪はいっこうにやむ気配はありませんでした。お悔やみに訪れた人びとが潮が引くように帰ってしまうと、家の中はしんと静まりかえりました。時計はすでに真夜中をすぎていました。

そのとき初めて、聡子さんは娘の姿が見当たらないことに気づきました。家族の誰に聞いても、午後四時以降、道子ちゃんを見かけた人はいませんでした。皆、一様に、道子ちゃんは寝室で眠っているのだろうと思い込んでいたのです。道子ちゃんに用意していた夕飯は、手をつけないまま残っていました。

「大変だ！　道子がいない！」

お義母さんの遺体を座敷に寝かせたまま、家中が大騒ぎになりました。友だちや親戚の家、心当たりがあるところはすべて電話をしましたが、姿を見た人さえいませんでした。

「おばあさんの死んだ日に、孫が神隠《かみかく》しに遭った」

村中の人たちも、大騒ぎをしはじめました。

警察に捜索願いを出し、近隣や親戚の人たちにも協力してもらって、雪の降りしきる夜道を懐中電灯を持って捜しまわりました。けれども、朝から降りつもっていた雪が、小さな痕跡を消してしまい、道子ちゃんの手掛かりはわからずじまいでした。

明日の夜は通夜、明後日は午後一時から葬式です。娘の行方《ゆくえ》がわからなくても、葬式を出さないわけにはいきません。聡子さんは動揺を必死で抑え、警察に何としてでも見つけてくれるよう懇願し、葬儀の準備を始めました。

通夜が終わったあとも、道子ちゃんが見つかったという知らせは届かず、とうとう葬式の朝になりました。聡子さんも夫の順一さんも眠れないまま、疲れ果てて朝を迎えました。道子ちゃんが行方不明になってから二日が経とうとしていました。

葬式には村中の人が集まってきますから、たいへんな人数分の料理を作り、広間に御膳を並べていかなければなりません。手伝いに多くの人が来てくれますが、細々《こまごま》とした指示はすべて聡子さんの仕事です。

夫の順一さんも、実母の葬式でしたから、家を離れることができず、娘の捜索は警察と近所の人びとに任せるしかありませんでした。

「あんな吹雪《ふぶき》の日にいなくなって、もう二日になるのだから、どこか雪の中に埋もれて死んでしまっているかもしれない」

口には出さずとも、誰しも心の中ではそう思っていました。聡子さんは心労と過労のあまり、この二日間でげっそりとやつれてしまいました。

葬式が終わり、弔問客が帰った夕暮れ、家の中は無気味な静寂に包まれました。誰一人、口を利《き》く気力もなく、警察からの電話を胸が張りさけるような思いで待っていました。もし電話が鳴ったら、それは道子の死を知らせる悲報だろう。そういう絶望的な確信を、肉親の死を見送ったばかりの家族は共有していました。

時計の針は夕方の五時を回りました。道子ちゃんがいなくなって丸二日以上、すでに経っています。

沈痛な面持ちで、順一さんがフーッとため息をついたときでした。ガラガラッと玄関の引き戸が開く音がしました。皆いっせいに顔を上げ、聡子さんが立ちあがって駆けていくと、三和土《たたき》に全身びしょ濡れの道子ちゃんが立っていました。

「道子……」

聡子さんは言葉に詰まり、娘を強く抱きしめました。止めどなく涙が溢れ、冷えきった娘の小さなからだに自分の震えが伝わっていくのがわかりました。

「大丈夫なの、どうしたの、どこ行ってたの？」

泣きながら聡子さんが尋ねても、道子ちゃんはぼんやりとした視線を向けるだけでした。相当疲れていて、言葉が出てこない様子です。黙ったまま、降ろしていた右手を母親に差し出しました。手には、一輪の真っ赤な椿《つばき》の花が握られていました。

聡子さんはすぐに、娘の濡れた服を脱がせ、からだを温めました。どこか怪我していないか、熱はないか、凍傷に罹《かか》ってないか、心配して確かめましたが、娘はただ疲れているだけのようです。もちろん、念のため医者を呼んで診てもらいましたが、どこにも異常はないとのことでした。栄養剤を注射してもらったあと、道子ちゃんは次の日の昼過ぎまでぐっすりと眠りました。

目が覚めた道子ちゃんに、聡子さんはできるだけやさしい口調で、どこに行っていたのかを尋ねました。最初のうち、道子ちゃんは頑《かたく》なに「知らない」と答えるばかりでしたが、少しずつ自分を取りもどして口を開きはじめました。

雪原に咲いた一輪の椿

雪が降りしきる午後、家を飛び出した道子ちゃんはやみくもに歩きつづけました。「道子なんかいないほうがいいんだ」と思いながら、何かに取りつかれたように、雪道をどんどんと進んでいきました。

気がつくと村を通りぬけて、山の麓《ふもと》に立っていました。周囲はすでに夕闇が垂《た》れ込め、寒さもいっそう厳しくなっています。傘も差さずに歩いていたので、服はぐっしょり濡れ、足元の感覚がなくなってきました。雪はいっこうにやむ気配はありません。どこかに休む場所はないかと、あたりを見回すと、山の登り口のところに、小さな洞穴《ほらあな》があるのに気がつきました。

小さなからだをその中に滑り込ませると、中は意外に深く、休憩場所には最適でした。中にはむしろがたくさん敷いてあり、その間にもぐり込んでからだを擦《す》り合わせると、だんだんぽかぽかと温まってきました。

そのうち眠気が襲ってきて、道子ちゃんはそのままこんこんと眠り込んでしまいました。どのぐらい眠っていたのでしょうか。一筋の陽の光が洞穴の中に差し込んできて、道子ちゃんの顔を照らしました。パッと目を覚ました道子ちゃんは、「おうちに帰らなくちゃ」と、とっさに思い、よろよろと起きあがって、洞穴の外に出ました。

外は午後の太陽がさんさんと輝き、周囲一面、白銀の世界です。降りつもった雪で、道は完全に埋もれてしまい、どちらが家の方向なのか、さっぱりわかりません。なだらかな雪原に、こんもりと雪に覆《おお》われた灌木《かんぼく》が瘤《こぶ》のように突き出しています。途方に暮れるあまり、涙も出てきません。眩《まぶ》しさに目を細めながら遠くを見つめると、数十メートル先に、ピカピカと何か光るものが見えます。

何だろうともう一度、目を凝《こ》らして眺めても、その輝きは消えませんでした。光に誘われるように、道子ちゃんが足を踏み出すと、今まで雪に埋もれていたはずの場所に細い道ができているのに気づきました。その道はちょうどピカピカと光っているあたりまで続いているようでした。

雪が両側に二つに分かれてできた道を辿《たど》って、光る場所に着くと、一輪の真っ赤な椿の花が、雪の中から今、咲き出たように差してあります。道子ちゃんはその花を抜こうと、手を伸ばしました。

ところが、花びらに指先が触れたとたん、椿の花はスーッと雪の中に埋もれてしまいました。まるで手品のように花が消えてしまったので、道子ちゃんはびっくりしてあたりをキョロキョロと見回しました。

すると、また数十メートル先に、ピカピカと輝くものがあります。先ほどと同じように、目の前に細い道ができていました。道子ちゃんはその光に呼ばれているかのように、歩いていきました。辿りつくと、赤い椿の花が、また一輪咲いています。

今度こそきれいな花を取ろうと、近寄って手を差し出した瞬間、花はまたふっと、雪の中に消えてしまいました。目を上げると、また先のほうに、真白な雪原に光り輝いている場所が見えます。そして、足元にはその光まで続く道ができていました。

そんなふうにして、道子ちゃんは光と消えてしまう椿の花との追いかけっこを繰り返しながら、歩いていきました。やがて、見覚えのある風景の中に自分が立っているのに気づきました。

家の前を流れる小川と石の門、その向こうに懐かしいわが家が見えます。

「あっ、おうちに帰れる」

道子ちゃんは思わず駆け出しました。家に着くと、門の前に積もった雪の中にも赤い椿の花が咲いていました。そっと手を触れると、今度は雪の中に埋まってしまうことなく、初めて摘《つ》みとることができました。

道子ちゃんはその一輪の椿を手にして、無事、家に戻ってきたのです。道子ちゃんが家を飛び出してから、二日目の夕方のことでした。

「おばあちゃんが笑っていた」

道子ちゃんが迷子になった山の麓《ふもと》から家までは、大人でも歩いて帰ってくるにはたいへんな道のりです。しかも、帰宅する前日まで丸二日間、雪が降りつづいていたので、道は完全に埋もれてしまっているはずです。

あんな大雪の日に迷子になった道子ちゃんが、こうして元気な姿で帰ってきたことは、まさに奇蹟としかいいようがありません。

家族は、「赤い花と追いかけっこしながら帰ってきた」と言う道子ちゃんの話を、怖さのあまり幻覚でも見たのではないかと、神妙な面持ちで聞き入っていました。

「道子が無事に戻ってきましたよ、おばあちゃん。おばあちゃんが、道子を守ってくれたんですね」

聡子さんはおばあさんの位牌《いはい》が置いてある仏壇に手を合わせ、報告しました。そして道子ちゃんを膝の上に抱いて、ゆっくりと言い聞かせるように話しました。

「おばあちゃんはね、死んで天国に行ったんだよ。もう今までみたいに、道子と一緒に遊んでくれることはないけど、おばあちゃんはお空の上からいつも道子を守ってくれてるよ。目に見えないけれど、これからも道子とずっと一緒なんだよ。だからね、人が死ぬことはちっとも怖いことじゃないんだよ」

するとし、道子ちゃんは大きく目を見開いて、言いました。

「うん、道子、おばあちゃんが死んだの知ってるよ。だって、おばあちゃんは死んだあと、ずっと道子のそばにいて、おいで、おいでをしながら、おうちまで連れてきてくれたんだもの」

「えっ、おばあちゃんが見えたの？」

聡子さんが驚いて尋ねると、道子ちゃんはにこっと笑って、少し自慢気に言いました。

「見えないけど見えたよ。雪の中に光がゆらゆらしてて、その後ろでおばあちゃんが笑っているみたいだったの。だから、近づいたら、赤いお花だったの」

仏壇に現われた椿の花

翌日、台所で朝食の支度《したく》をしていた聡子さんのところへ、道子ちゃんが頰を紅潮させて駆け込んできました。

「ねぇねぇ、お母さん。おばあちゃんのお花があるよ」

聡子さんのエプロンを引っ張りながら、向こうの部屋に行くように促します。

「まぁ、どうしたっていうの」

道子ちゃんに手を引かれて、聡子さんは義母の仏壇がある座敷へ向かい、障子戸を開けました。

「あっ」と、聡子さんは驚きの声を上げました。

仏壇は白い菊の花で飾られていましたが、その白い花の中に一輪、真っ赤な大きな椿の花が差されています。

「ほらね、おばあちゃんのお花でしょう」

そう言う道子ちゃんに、

「道子ちゃんがこの花を差したの？」

と尋ねると、

「違うよ。朝起きてみたら、ここに赤い花が咲いてたんだよ」と言います。

家族の誰に聞いてみても、椿の花を差した人はいませんでした。道子ちゃんが持ち帰った椿の花は、そのまま玄関の横の棚の上にあり、ガラスの一輪挿《さ》しの中で、半ばしおれかかっていました。

「きっと、おばあちゃんがみんなをびっくりさせようとして、夜、お花を持ってここに来たんだよ」

仏壇の赤い椿を見ながら、嬉しそうに道子ちゃんがはしゃいでいます。

「おばあちゃんはね、この花のそばでニコニコしてたんだよ。おばあちゃんのお花なんだよ」

不思議な出来事に呆気《あっけ》に取られていた家族も、だんだんと道子ちゃんと同じ気持ちになってきました。

「そういえば、お義母さんは椿が好きでしたね」

聡子さんがぽつりと言いました。夫の順一さんもしみじみと頷《うなず》きました。

「そうだったねぇ。春になると、どこそこにきれいなユキツバキが咲いていたとか、言っていたよねぇ」

「やっぱり、おばあちゃんが道子を導いてくれたんだねぇ」

皆が口ぐちにそう言いました。

苦境を乗り越えるための三つの姿勢

突然、事故に見舞われたり、耐えがたい苦しみに襲われると、人は「なぜ私に？」と叫ばずにはいられません。もちろん、そんな状況では本人は意識していませんが、このとき、その問いかけは、その人に二者択一の決断を迫っているのです。

一つは怒りやひがみに打ちまかされ、絶望してすべてを投げ出し、自分をも周りをも破壊していく方向。

もう一つは、その苦しみは耐えがたくても、それを乗り越えるための肯定的な姿勢を持つことです。

私は、人が苦境に追い込まれたとき、それを克服し乗り越えるために、三つの姿勢が不可欠だと考えています。

一つは、どんなに苦しいことがあっても、その苦しみは何か深い意味があって起こったのだと考えること。起こったことは起こったこととして、苦しみをありのままに受け入れる「素直さ」を持つのです。

二つめは、世の中はけっして自分の敵ではなくて、自分を守り導いてくれる味方だという感覚を持つこと。

三つめは、自分はこの苦境を乗り越えられる力があるという自信を持つこと。

この三つの姿勢を持ってさえいれば、どんな辛い状況も乗り越えることができると思うのです。

そして道子ちゃんは、行方不明になっていた二日間に、この三つの姿勢を自然に与えられたのではないでしょうか。

仏壇の椿の花は、ひょっとしたら誰かがこっそりと差したのかもしれません。けれども、重要なのはそれが真実の出来事か否かではなく、おばあさんの死をとおして、これから先どんなことが人生で待ち受けていようとも、それを乗り越えて生きていく根源的な力が授かったということです。

死は生の延長線上にある

幼年時代に雪の中で迷子になるというような恐怖の体験をした場合、悪い方向に行くと、その後の人生に大きな傷となって残ることがあります。

しかも道子ちゃんの場合、母親から「あっちへ行っていなさい」と言われつづけたことで、自分など生きていく価値のない人間だとの思いを植えつけられてしまったかもしれないのです。

小さな子どもの自尊心は、ちょっとしたことで簡単に砕かれてしまいます。母親が悪気がなく口にした言葉でも、唯一の自分の味方から追いやられたという思いが自己卑下《ひげ》に繋《つな》がり、一生その人の人生に暗い影を落としてしまうことも多々あります。

そのうえ、おばあさんの死という得体《えたい》の知れない恐怖が、道に迷い孤独の中で過ごしたという恐怖と結びついて、癒しがたい心の傷を負ってしまったかもしれません。

ところが、道子ちゃんは精神的なダメージから救われたばかりか、生きていくうえでの素晴らしい基盤を与えられたのです。

雪の中で辛《つら》い思いをしているときに、死んだおばあさんが自分を守ってくれたと感じたことは、道子ちゃんのその後の人生に大きな助けとなることでしょう。

道に迷ってしまっても、暗闇の中に取り残されても、凍《こご》えるほど寒くても、世界は自分に味方してくれるということ。おばあさんは死んでしまったけれど、自分のことを守り、導いてくれるということ。そういう確信が、幼い心にしっかりと刻み込まれたにちがいありません。

どんなに辛い苦しい状況でも、肯定的に向かう力、明るい生き方に向かう力を道子ちゃんは授かったのです。そして、その力を道子ちゃんはおばあさんの遺産として、しっかりと小さなからだに受けとめたのではないでしょうか。

幼い道子ちゃんは、おばあさんをとおして、初めて人の死というものを知りました。死は悲しい別れでも、不吉な忌《い》まわしいものでもなく、生の延長線上にあるということ。人は死んでからも、生きている人と繋がっていて、大切な人を見守り、必要なときには手を差しのべて助けてくれること。そういったことを、忘れがたい体験をとおして感じたのでした。

「あんな怖い体験をしたはずなのに、道子はショックを受けた様子もなく、元気に育っています。私のほうが、娘が行方不明になったときのことをときどき思い出し、背筋が寒くなる思いをしていたんです。先生のお話を聞いて安心できました。やはり、お義母さんが道子を導いてくれたんですね」

聡子さんは最後にそう言って、笑いました。

死者と生者の絆《きずな》の象徴として、白い雪の中に咲いた真っ赤な椿の花――。それは、人と人との繋がりがこの世だけで終わるものではないということを知らせるために、咲いたのかもしれません。

お墓の中から聞こえてきた大先生の声

これは、ある男性誌の編集者から伺った話です。

若いころ、彼は作家の柴田錬三郎さん、今東光《こんとうこう》さんにとても可愛がられていました。両先生に人生相談の連載をお願いしたり、若者論や人生論を書いていただいたり、小説以外のお付き合いが多かったようです。それでいて小説の担当者以上に親しく接することができたのは、きっと彼が、この二人の作家を敬愛する気持ちが誰よりも強かったからでしょう。

また、与えられること以上に、与えることができる人だったからでしょう。与えると言っても、物質的な話ではありません。当世若者気質《かたぎ》とか、最先端の流行に関する情報、さらには食通の両先生にユニークなお店を紹介したり、若者の間で話題の本や出来事を解説したり、年取った大家にとっては新鮮で面白く、人生が広がるような情報ばかりを、彼は親に接する以上の誠意さでプレゼントしつづけていたのです。

期せずして、両先生から別々に、同じ内容の励ましを受けたそうです。それは、

「キミは、いずれ何かをする人間だ。そのときに俺《おれ》はキミのために、一肌も二肌も脱ぐからな」

というものだったそうです。時は移り、彼は雑誌の編集長を命じられます。それも、「下降線の状態にある雑誌を再浮上させよ」という重責を担《にな》ったものでした。そのとき、ふと彼は二人の先生の言葉を思い出します。「一肌も二肌も脱ぐからな」——しかし、そのときには残念ながら柴田錬三郎さんも今東光さんも、すでに亡くなっていました。

気がつくと、彼の足は小石川の伝通院にある柴田先生と上野の寛永寺にある今先生の

お墓に向かい、その前で深々と頭を下げ、両手を合わせていたそうです。

「先生、今こそ一肌脱いでいただきたい時が来ました。私は何をやればいいのでしょう。お約束どおり、ぜひ、ご教授ください」

すると、不思議なことに、二人の作家からまるで同じ答えが返ってきたのです。

「キミには、何をすべきか私が生きている間にじゅうぶん教授しておいた。自分の心に問いかければ、それでいいのだ。なぜなら、そこには私がいつもいるのだから。そして、その声に従って思う存分、自分のやりたいことをやればいい」

彼は、「まるで在《いま》すがごとく、柴田先生、今先生の声がお墓から聞こえてきました」と語ってくれました。

このように、生きている者が心の底から望めば、死者はその人のもとを訪れ、語りかけてくれるのです。彼は、今も、何か大きな問題が起こると、かならず伝通院と寛永寺を訪れ、二人の先生に相談することにしているそうです。

ところで、彼が編集長になって間もなく、彼の雑誌は再び大きく浮上し、日本の若者文化にユニークな影響を与える存在になりました。もちろん、それは彼の編集者としての努力、才能、情熱に負うところが大きいのでしょう。しかし、二人の先生の声を聞いたという実感、今もその先生方が自分の中に生きているという確信が、彼の行動の根底を支えてくれたからだと、私は思うのです。

「死者となってこの世を離れていく人は、残された者たちに最高の贈り物をしてくれる。死者は愛する人びとを見守り、導き、助けてくれる」——。そう考えなおすことによって、死は永遠の別れという既成概念や、死が悲しみや恐怖をもたらすという思い込みから解放されるのではないでしょうか。

第六話

自殺の淵に立った医師を助けた存在

森の闖入者《ちんにゅうしゃ》

人っ子一人いない、深い森の中――。聞こえるのは、カエデの木々をざわめかす風の音と、小鳥のさえずり声だけ。

赤茶色に紅葉した木々の上に、昇ったばかりの太陽が淡い光を落としていました。

けれどもその日はいつもと違って、目覚めたばかりの森の静寂を破る、一人の闖入《ちんにゅう》者《しゃ》がありました。

「立入り禁止」の立て札を無視して、その男性は森の中に入っていきます。くたびれた背広に革靴という恰好《かっこう》や、わき目もふらず早足で歩いていく様子は、周囲の風景にはまるでそぐわないものでした。

年のころは四十代後半くらいでしょうか。赤く充血した目、かたく結んだ唇。土気色《つちけいろ》の顔には、まったく生気がありません。額にくっきりと刻まれた縦皺《たてじわ》は年齢によるものではなく、その人の深い苦悩を物語っていました。

茨《いばら》だらけの道なき道を、彼は、押し分けて歩いていきます。ズボンに泥が跳ね、茨に引っかかって生地が裂けるのも、まるで目に入らない様子です。

彼の視線は、もっと高いところ、カエデの木の赤茶色の葉っぱに注がれていました。森の中に深く分けいっていくほど、その赤い色は鮮やかになっていくように見えます。

彼はふと立ちどまって、空を見上げました。

晴れわたった青い空を覆《おお》う真っ赤な幾千もの葉。まるで青く塗られたキャンバスに飛び散る赤い血のような……。それは彼の中で悪夢と化した一つの光景と重なりました。

手術台の上に飛び散った赤い血……。

名医が犯したミス

彼の職業は医者でした。自分が執刀した中年の女性の患者が、手術から数日後に死んでしまったのは、つい一週間前のことです。

その患者は腸に腫瘍《しゅよう》ができていました。手術後、順調に容体《ようだい》は回復していたのですが、ある日、突然、心臓発作を起こし、救命措置の甲斐《かい》も虚《むな》しく亡くなったのです。

彼は、それまで外科の名医として通っていました。けれども、腫瘍除去の手術中に彼は、今までのキャリアではあり得ないミスを犯していました。腫瘍を切除したあと、メスが滑り落ち、血管を誤って切ってしまったのです。

緊急処置を適切に施《ほどこ》したため、大事には至らず、手術は無事終わったかのように見えました。しかし、誰もが高い信頼を置いていた医師が、手術中に起こした出来事に、まわりのスタッフは驚きを隠せません。けれども、本人だけは、ミスの原因をよく知っていました。

突然右手に痺《しび》れを感じたのは、この手術の数週間前のことです。念のため神経科で見てもらいましたが、原因不明とのことでした。そのうち痺れも自然に治《おさ》まったので、いつもどおり執刀を続けていました。

ところが、腫瘍の女性の手術を控えた前の晩、再び右腕が痺れだしたのです。

彼は焦《あせ》りと不安に襲われました。翌朝までに右手が治らなかったら大変なことになる。ましてやこの痺れが永久に治らなかったら、医師としてのキャリアもおしまいだ――。彼は手の痺れを、同僚にも家族にも伝えませんでした。そして、「一時的なものなんだ。また、自然に治るさ」と、無理に自分に言い聞かせていました。

幸い、手術当日の朝、痺れは完全には治まっていないものの、右手は不自由なく動かせるようになっていました。もう大丈夫。彼は自分を奮い立たせながら手術に臨みました。普段と変わらずに、手術は順調に進んでいきました。

「もう何百回と執刀したオペだ。失敗するはずがない」

何度も心の中で、自分を励ましました。

ところが、腫瘍を切除し終え、メスを抜こうとしたとたん、突然、ひどい痺れが電流のように右手を貫いたのです。

「しまった」。そう思ったときはすでに遅く、力を失った手からメスが滑り、患部近くの血管を傷つけていました。

患者の直接の死因は心臓発作でしたから、彼が責任を問われることはありませんでした。しかし彼の心は鉛《なまり》のように重く、彼女が死んだという事実が一時も頭から離れません。もし、あの手術が万事うまくいっていたら、容体が急変して死ぬこともなかったかもしれない。自分のミスが、やはり原因で死に至らしめてしまったにちがいない――。

患者が亡くなった日から、病院内の彼への視線が変わりました。スタッフで手術中のことを知っているのはごくわずかなはずですが、彼は皆から冷ややかな目つきで見られているような気がしました。その目はこう言っていました。

「お前はもう『尊敬すべき先生』ではない。軽蔑《けいべつ》すべき犯罪者、人殺しなのだ。医師としての資格は剥奪《はくだつ》されて当然だ」と。

彼は毎晩、悪夢にうなされました。メスが手から滑り落ち、血がどっと噴《ふ》き出て止まらない、という夢です。

遺族は、そして死んだ女性は、どんなに自分を恨んでいることだろう。命を救うべき医者がメスで人を殺し、そのままのうのうと生きていていいのだろうか。事情を説明して、他の医師に手術を代わってもらうのが医者としての冷静な判断だったはずだ。

自責の念と絶望感は、日に日に強まり、やがてそれが彼を押しつぶしました。

もう死んだほうがましだ！

一週間後の夜、耐えきれなくなった彼は、深夜、家をこっそり飛び出しました。ベッドの上には、医師の免許と運転免許証が置かれたままでした。

そして駅から、今まで乗ったことのない東北行きの夜行列車に乗りました。

窓に映るのは夜の闇ばかり。時折、そこにやつれた亡霊のような自分の顔がぼうっと浮かびあがります。ガタゴト、ガタゴトと響く、古びた汽車の車輪の音は、自分を地獄へ引きたてていく呪《のろ》いの掛け声のように聞こえました。約十時間後、結局一睡もせずに、終着駅に着きました。

森の仙人との出会い

森に着いたときには、すっかり朝になっていました。原生林に覆《おお》われ、国の天然記念物にも指定されているその森は、観光客の立入りは禁止されていました。

彼はこの森の中で人知れず、首を吊《つ》って死のうと思っていたのです。

枝をかき分けながら、森の奥へと入っていきました。この苦しみと、恐ろしい悪夢から、一刻も早く逃れたいという一心で。

この深い森の中なら、遺体は誰にも発見されないだろう。社会から見捨てられた自分にはいかにもふさわしい死に場所だ、と彼は思いました。

彼は丈夫そうな枝を探し、ポケットから紐《ひも》を取り出しました。

そのときです。ザーッという音とともに、目の前にある藪《やぶ》が揺れました。彼は一瞬、動物かと思いましたが、それは一人の老人でした。

痩《や》せこけたからだに紺の羽織と脚絆《きゃはん》をつけたその人は、まるでおとぎ話に出てくる仙人そのままでした。その人が藪の中から突然、現われたのです。

彼はこんなところで人に会うとは思わなかったので、一瞬ぎょっとして、あわてて紐をポケットに突っ込みました。

相手は別段驚いた様子もなく、「やあ、おはよう」と声をかけてきました。そしてどこへ行くのかと彼に尋ねました。

彼は何と答えていいやらわからず、とっさに、「いえ、私はどこへ行こうとしているわけでもありません」と言いました。

「それじゃあ、一緒に行きますか。もっと歩きやすいところに出ましょう」

老人はそう言うと、彼の返事も待たずに、くるりと背を向け、今来た方角へ向かって歩きだしたのです。

彼は老人のペースに呑《の》まれて、つい後ろについて歩きだしました。しばらくすると藪に覆われていた場所を通りぬけ、カエデの落ち葉が降りつもった林道に出ました。

歩きながら、老人は彼には何も質問せず、自分からこの森のことを語りはじめました。

今年の紅葉はとりわけみごとなこと、紅葉の季節が終わると、たちまち霜が降《お》りて、動物たちが冬眠の準備を始めること、今日のように晴れた日は、小鳥たちの声がひときわ澄んで聞こえること……。

そんな話に耳を傾けているうちに、彼の中でぴんと張りつめていたものが、突然、ゆるんでいきました。いつの間にか、彼はこの仙人のような不思議な老人にすっかり心を許していました。老人の放つ穏やかな雰囲気が、そうさせたのかもしれません。

一歩前を歩くこの老人が、自分をあたたかく守りながら、安全な場所へと導いてくれているような気もしました。

やわらいでいく苦しみ

この人だったら、すべてを打ち明けても、わかってもらえるんじゃないだろうか、ふとそんな思いがひらめきました。

そこで彼は、老人が何も聞かないにもかかわらず、自分から話しはじめたのです。

「実は私は、お会いしたとき、首を吊ろうとして、紐を取り出したところだったんです」

相手の驚きを予期していたところが、老人は彼のほうを振り向きもせず、かといって無視するわけでもなく、ただ「そうですか」とだけ言って、さっきとまったく変わらない調子で歩きつづけました。

その静かな反応に、彼は、続きを話しても大丈夫だという感じがしました。

「私は医者です。手が痺《しび》れて、それを克服しようと、無理な手術をしたのです。ところがやっぱりその痺れが災《わざわ》いして、一人の人を殺してしまったのです」

するとと今度は、老人が彼のほうを振り向きました。このやさしい老人さえも、病院の人びとと同じ侮蔑《ぶべつ》に満ちた目を向けるのではないかと、彼は一瞬、身を縮めました。

しかし老人の表情は先ほどと変わりませんでした。しかも彼を見つめる眼差《まなざ》しは何とも言えずあたたかく、心の底の底まで理解してくれている、という印象を受けました。

「ああ、言ってよかった」と、彼は心から思いました。

老人は彼に確認するように言いました。

「あなたは、病気のために無理をして、不幸な結果になった。そのために、今とても悩んでいるんですね」

「ええ、そのとおりです」

そのあと、老人は黙ったまま、しばらく前を歩きつづけました。彼はその背中を見つめながら、初めて自分の気持ちを受けとめてもらえた、という安心感に徐々に満たされていました。

ひた隠しにしてきた右手の痺れを告白し、どうしようもなかった絶望や挫折感を口に出したことで、自分を際限なく苛《さいな》んでいた苦しみから、彼は解放されつつありました。

手は今も、ときどき痺れています。けれども、さっきまでは痺れを感じるたびに恐怖と苦渋を感じていたのに、今はもっと自然に受けとめることができました。

「手はたしかに痺れている。けれども朝の光の中をこんなにも歩ける自分がいる。そしてこうして一緒に歩いてくれる人がいる」

老人は、相変わらず静かな歩調で、淡々とした表情のまま彼の前を歩きつづけていました。ですから、彼は、老人が再び何気なく彼のほうを振り返ってこう言ったとき、驚かずにはいられませんでした。

「実は私も医者だったんですよ。あなたと同じように患者を死なせている」

大自然の中で感じた命の尊さ

そうして、老人は自分の身の上を語りました。

「私は手術はしなかったが、自分で効《き》くと信じていた薬を患者に与えたんです。その患者は一時、症状を回復したかに見えたが、その後、ひどい副作用に苦しんだ末、亡くなった。それでも私は病院を守るために、皆の前で謝ることができなかった。

そのうちこの薬は使用禁止になったけれども、失われた命は戻ってこない。医者として判断に欠け、結果的に人の命を奪ってしまった。私は、良心の呵責《かしゃく》に耐えがたく、医者を辞めて、この森に籠《こも》ったのです。だから、あなたの気持ちもわかるように思えます」

老人はそれだけ一気に言うと、また同じ調子で前を歩きはじめました。

彼は老人の小さな背中を見つめながら、不思議な感慨に打たれていました。

「そうか、この人も医者であったか。だからこそ彼の目は、あれほど深い理解と共感を示していたのだ。私自身も、初めて会った老人に、これほど親密感を感じたのは、そのせいだったのかもしれない。

それにしても、こんな人里離れた森の中で、同じ経験を持つ人に出会うとは……」

普通なら驚くべき偶然の一致なのでしょうが、彼はこの出会いがとても自然なものに思えました。今にして思えば、首を吊ろうとした瞬間に現われた老人の姿を見たとき、この人が自分を救ってくれると、直観的にわかっていたような気もします。

彼には、目の前を歩いている仙人のような老人が、まるで自分の家族以上に親しく、近しい人に思われてきました。そして今、老人に対する親密感は、個人の結びつきを超えた深い一体感に変わっていきました。

同時に、今まで自分の中にあった苦しみ、不安や恐怖などがスーッと消えていきました。それに代わって、理解されたという喜び、同じ苦しみを知る人がこの世にいるという安心感、そんな思いが溢《あふ》れ出て、胸の中に広がっていきます。

そんな思いを噛みしめながら、黙って歩いていると、老人は空を仰いで言いました。

「見てごらん、このカエデの葉の間からこぼれる朝の光を。この光を浴びて、カエデの木は生きている。木々は風に揺られ、互いに波動を伝え合いながら、何年も何十年もここに立ちつづけている。木の命というのは、素晴らしい」

風が吹いて、カエデの葉がはらはらと落ちてきました。足元にも落ち葉がたくさん降りつもって、それが湿った土と混じり合って、いい香りを放っています。ああ、これが秋の香りだ、と彼は思いました。

そのとき、もう彼の中では死のうという気持ちは消えていました。大自然の息吹《いぶ》きに包まれて、今自分は生きている。すべての苦しみを超えたところで輝いている命。その命の大切さをしみじみと理解したのです。自分は人間の社会にだけ属していると思っていたけれども、本当はもっと豊かなこの大いなる自然に属しているのだと。

忽然と消えた老人

そんな思いをめぐらしていると、老人が再び口を開きました。

「医者が命を救うと言うけれども、人間の命を救うのは医者ではないのです。医者にできるのは、本当にわずかなことだけです。命というのは、人間の手に負えるものじゃありません。もっと大きなはからいの中にあるのです」

そう言うと彼のほうを向いて、かすかに微笑《ほほえ》みました。それは何とも言えない、澄んだいい表情でした。

彼は、朝の逆光を浴びて神々《こうごう》しく輝いていたこの老人の表情を、一生忘れることはないだろうと思いました。

彼は老人の言葉に、少年のようにこくりと頷《うなず》きました。

老人は空を見上げ、一人つぶやくように言いました。

「命の大切さがわかったみたいだね。うん、死なないですみそうだね」

一瞬、彼も老人の目線を追って、一緒に空を見上げました。それから視線を元に戻したとき、彼はあっと声をあげそうになりました。目の前にいたはずの老人の姿が、どこにも見当たらないのです。どこへ行ったんだろうと思い、木の幹の後ろなどを探してみるのですが、あたりには人の気配はありません。

呆然《ぼうぜん》と立ちつくしている彼のそばを、ひんやりとした秋の風が通りすぎていきました。後ろを向いても、前を見ても、同じようなカエデの林が続いているばかり。突然、案内人を失った彼は、ただその場に立ちつくすしかありませんでした。

「さて、どうしよう」と途方に暮れていたとき、遠くでかすかに車の音が聞こえたような気がしました。

「道路が近いのかもしれない」

そう思った彼は、音の聞こえたほうへ走っていきました。すると彼の思ったとおり、道路が見えました。老人と一緒に歩きながら、彼はいつの間にか、森の出口のほうへ来ていたのです。

管理人の証言

そこには、小さな木造の森の管理小屋がありました。ひょっとして、ここにさっきの老人がいるのでは、と思って窓口に駆け寄りました。

しかし、すりガラス越しに見えたのは、まったく別の老人でした。

小窓を叩くと、顔じゅう皺《しわ》だらけの老人が、いかにも迷惑げに顔を出しました。

彼は息せき切って大声で尋ねました。

「おじいさんを知りませんか。紺の羽織に脚絆《きゃはん》をつけた、がりがりに痩せた老人です」

老人は黙って首を横に振ると、すぐにガラス戸を閉めようとしました。

彼はなおも食いさがり、叫ぶように言いました。

「この森の奥で暮らしている、もと医者だった人ですよ。本当に知りませんか」

その言葉は、老人の注意を惹いたようでした。小窓を閉めようとする老人の手がふと止まりました。

「医者？」

「よかった、ご存じなんですね」

老人の虚《うつ》ろな目に、かすかな光が差したような気がしました。

「知っているとも……。あれは仙人みたいな人でねえ。何でも昔は有名な先生だったらしいが。この山に籠ってからは、治療は一切しなかった。それでも病気の人が彼を訪ねてくると、何も知らせなくても、山のどこからかひょいと姿を現わして、病人の話に耳を傾けておった。病気の人は皆、彼と話すだけで、具合がよくなると喜んでいたよ」

「ああ、その人です。間違いないですよ」

それから森の管理人は、彼のことをあらためてじっと見つめ、不審そうな顔でこうつぶやきました。

「それにしても、あんたのような若い人が、何で彼のことを。もう死んでから三十年以上経つのに」

それを聞いたとたん、彼は言葉を失いました。

彼は何かお礼の言葉をもぐもぐとつぶやくと、くるりと踵《きびす》を返して、今来た道を走っていきました。

走りだした彼の背中に、管理小屋の老人のつぶやく声が聞こえてきました。

「生涯独身だったから、彼のことを聞きにくるような子孫もいないはずだがねぇ」

心臓が高鳴っていました。

老人を見失った場所に戻ったとき、彼は愕然《がくぜん》としました。ぬかるんだ土の上には彼自身の足跡しかなかったのです。

「彼はこの世の人ではなかったのか……」

淡々としたしゃべり方、小さいけれど父親のように頼もしい背中、あの光の中で見た笑顔を、今も手に取るように思い出すことができるというのに。

それは、幽霊といわれるもののイメージからはほど遠い、何か聖なるものとの出会いだったように思えました。

「首を吊ろうとした瞬間、あの老人がどこからともなく現われ、生きる決心をした瞬間、姿を消してしまったこと。同じ医者で同じ経験をしていたという一致……。それらは、ただの不思議な偶然ではなかった。三十年前に亡くなった医師が、自分を助けてくれたのだ。この世には、そんなことが本当にあるのだ」

彼は、森の中にたたずみ、空を見上げ、森の仙人と自分の命に感謝しました。そして今まで味わったことのない至福感に満たされていました。

希望の光の中へ

彼は、午後一番の東京行きの汽車に乗りました。

昨日の夜と同じ線路の上を、逆向きに走っていく汽車のように、今彼の人生は、昨日までとはまったく逆の方向に流れはじめていました。夜の闇の中を、絶望と死に向かって走りつづけた汽車は、今日は、希望に向かって、光の中を走っていくのです。

世界は完全に変わっていました。窓の外に見える真っ赤に紅葉した木々も、もう血を連想させることはありません。自然界の豊かな彩《いろど》りは、四季が与えてくれる素晴らしい贈り物でした。彼はこれほど美しい風景を見たことはないと思いました。窓を横切っていく風景の一つひとつが輝いて見えます。

もちろん、世界は何一つ変わったわけではなく、変わったのは彼の内面だけでした。人が世界と思っているのは、実は自分の内面の反映にすぎないのです。

汽車の中で、小さな子どもが落としたおもちゃが彼の前に転がってきました。それを拾って子どもに手渡してやったとき、途絶えることなく、間歇《かんけつ》的に訪れる右手の痺れがなくなっていることに、初めて気づきました。

次の日、病院に行くと、皆の態度がまるで変わっていました。誰も、彼に冷ややかな視線を浴びせる者などいないのです。

親しい同僚の一人が笑顔で声をかけてきました。

「とても深刻に悩んでいる様子だったので、何と声をかけていいかわからなかった。でももう大丈夫そうですね。よかった」

その言葉を聞いたとき、心を閉ざし、壁を作っていたのは自分のほうだったのだ、と思いいたりました。そして同僚のあたたかい思いやりに、涙が滲《にじ》んできました。

人の心も癒す医者

その後、彼は病院を依願退職して、地方の実家で父の小さな診療所を継《つ》ぐことにしました。

「あの老人は、ただ森のことを語り、自分の悩みに耳を傾け、すべてを受け入れてくれた。それだけで自分は命を救われた。あれこそ、最高の癒《いや》しではなかろうか。外科の医者はほかにもたくさんいる。私はもう手術はすべきではないが、問診はできる。これからの私に与えられた使命は、あの老人に教わったやり方で、人を癒していくことだ」

彼は、三十年前に亡くなった医師のあとを継ぐ決心をしていたのです。

田舎の病院でしたので、それほど患者の数は多くありません。彼は、病院を訪れる一人ひとりの患者のために時間をじゅうぶんにとって、症状だけでなく、その人の心の悩みにもじっくりと耳を傾けました。やがて、彼の診療所の評判は口コミで伝わり、〝赤ひげ先生〟と評判になり、周囲の町からも、たくさんの患者が訪れるようになりました。

彼は患者たちが、治療より話し相手を欲していることに気づきました。悩みは他人に打ち明けた瞬間、その半分は解決されたも同然とよく言われますが、医師が病人の悩みを黙って聞いてあげるだけで、患者は大きな癒しを受けるようになるのでしょう。

病院を訪れる人びとの多くは老人で、孤独でした。そして彼らは、彼と話しただけで、晴々とした顔つきになって帰っていくのです。

彼は、自分が死線を越えたがゆえに、病気に苦しむ人びとに対して、深い連帯感を感じることができました。その思いは自然と患者に伝わりました。患者たちは、どうにかして病気を治してもらおうという思いで彼のもとを訪れるのですが、彼にじっくり話を聞いてもらううちに、自分が大切にされ、受け入れられたと感じ、皆が何か癒された気持ちになるのです。

患者たちの話を聞いているうちに、彼は、最高の治療法とは、痛みを取り除くのではなく、痛みそのものに触れてあげること、その人の立場から一緒に見て、一緒に感じてあげることなのだと悟ったのです。

やがて、重病人たちの中で、彼に話を聞いてもらううちに、ふと足の痛みが消えたり、手術が必要だった潰瘍《かいよう》が消えていたり、といった奇蹟的な治癒《ちゆ》を見せる患者が現われはじめました。彼が話を聞いてあげることで、外科に回さなくてはならない患者がどんどん減っていきました。

彼は、これはあの森の仙人が自分をとおして働いてくれているにちがいない、と感じました。

「自分は外科医として大成することはなかったけれど、わずかながら人の心を癒す医者になれたと思います。それが何よりの喜びです。鈴木先生が、重い病気の人や、死が近い人のもとを訪れて、苦しむ人たちの話に私と同じように耳を傾けながら、やすらかな時間をともに過ごしていらっしゃるということを、先生のご本を読んで知りました。先生のご体験にとても感銘して、ぜひ、お目にかかってお話を聞いていただきたいと思っていたのです。ありがとうございました」

彼——生田慎介さんは体験を語り終えたあと、握手を求めて私に右手を差し出しました。その手は大きく、包み込まれるようなあたたかい感触でした。

命は、森の中の朝の光のように、輝いています。限りない命の輝きを曇らせてしまうのは、エゴや欲望、無意味な怖れや社会のしがらみ——。でもそれらは、ちっぽけなものにすぎません。そのことに気づいたとき、心は真に癒されるのです。

森の仙人のメッセージは、〝赤ひげ先生〟をとおして、今も人びとの心を癒しつづけています。

『足摺岬《あしずりみさき》』

「妄想とはいったい何であろう。そして、真実とはいったい何であろう。どこに夢でない真実があるのか」

そう問いかける『足摺岬《あしずりみさき》』という小説があります。これは、田宮虎彦（一九一一～八八）の自伝風の短編で、人生に絶望し命を絶とうと思いたった青年が、ある出来事をきっかけに、心の深みから生命の炎を灯しはじめる過程を描いた作品です。

父親への憎しみや生活苦、治る見込みのない病に苛《さいな》まれていた青年は、無常の思いを抱え、死ぬ以外に自分を支えるものがないと感じています。

断崖の下に逆巻く怒濤《どとう》が、白い飛沫《ひまつ》を上げて打ち寄せ、投身者の姿は二度と海面に現われない――誰かからこのように聞いた話が、青年の心の隅に刻まれていたのでしょう。高知県の南西端にある足摺岬を死に場所に選び、わずかな持ち物を売りはらって東京を発《た》ち、岬に近い田舎町に辿《たど》りつきます。

横なぐりの激しい雨が降りしきる中、青年はうらぶれた街並みを歩き、小さな宿屋の軒燈《けんとう》を見つけて中に入っていきました。そこは、四国霊場を参る遍路《へんろ》を泊める宿でした。馴染み客らしい年老いた遍路と、行商の薬売りが投宿しているようです。

数日経っても、嵐のような雨は収まる気配を見せません。青年は待ちきれずに、雨に打たれながら、足摺岬のほうに歩いていきました。

獣のように押し寄せる真っ黒い荒波、吠えたてる海鳴り、絶壁に砕け散る飛沫――荒れ狂う海を前にして、青年は立ちすくんでしまいます。

血の気が引き、びしょ濡れの姿で、青年はふらふらと宿に戻りました。

「のう、おぬし、今夜からおぬしは、わしたちと相部屋にしようぞ」

年老いた遍路がそう言い、意識が朦朧《もうろう》としている青年を、薬売りと抱きかかえるようにして、彼らの部屋に連れていきました。それから数日間、高熱が下がらず病《やまい》の床に伏す青年に、二人は薬を飲ませて介抱します。

「おじいさん、私には薬代を払う金がない」

そう言って、遍路が差し出す薬を頑《かたく》なに拒《こば》む青年に、

「おぬし、金などどうでもなることじゃ。おぬしに金のないことぐらい、わしらにはよ

うわかっておる。わしらの目は節穴《ふしあな》じゃない」

と、遍路は応《こた》え、しばらく黙ってから低い声でぽつんと言います。

「のう、おぬし、生きることは辛いものじゃが、生きておるほうがなんぼよいことか」

溢《あふ》れ落ちる涙の中に見た〝真実〟

青年は投宿が長引くにつれ、年老いた遍路が昔、その宿の主人に助けられ、そこに住みつくようになったことを知ります。遍路は、主人が死んでからも「おじいさん」と呼ばれながら、宿の女将《おかみ》と娘と、家族同然に暮らしていました。

ある晩、遍路は青年に、今まで誰にも話したことがない自分の過去を語ります。それは遍路が、戊辰《ぼしん》戦争に参戦したある小さな藩の生き残りの藩士だという話でした。

戊辰戦争は、明治元年、王政復古によって成立した新政府が、反抗する諸藩や旧幕府残存勢力を武力で平定した内乱です。一年半に及んだこの戦争では、官軍に陥落させられた藩の多くの藩士やその家族が、たがいに刺し合って集団自決しました。

「わしはそのころ、十八だった。わしは女房と生まれたばかりの赤子を刺し殺し、最後の斬《き》り込みに出ていった。斬死《ざんし》は覚悟だったが、口から流れ込む雪のかけらで、わしは息を吹き返したのだ」

遍路は自分一人に物語るように、ぼそぼそと話しつづけます。そのうちに、しわがれた遍路の声が妙に艶《つや》を帯びてきました。目の前で城が焼け落ちる錯覚でも見ているのでしょうか。その目はぎらぎらと輝き、声はまるで十七、八歳の少年のようです。

「おぬし、死のうと思っても人間、死ぬことができぬときがある。二十年間、わしは恥を怖れて逃げまわったよ。死んだ女房や赤子の仇《あだ》を討つつもりだった。死んだ奴等はいったい誰のために戦《いくさ》をしたのだ。二十年のわしの苦しみは何のためだったのだ」

「二十年経ってわしは、こっそり帰ってみたよ。せめて、女房と子どもに線香の一本でも立ててやりたいと思うてよ。帰ってみて、わしは目を見張った。わしらが住んでいた屋敷跡は林檎《りんご》畑になってしまっておった。わしは、城跡で腹をかき斬るつもりだったかもしれん。だが、おぬし、わしはまた死にそこなった」

遍路はそこまで話し、ふっと言葉を切ります。しばらく虚空《こくう》を睨《にら》みつけるようにして、目を据《す》え、やがて、「夢だ」と、ひと言、しわがれた声でぼそりとつぶやくと、うつろな高笑いを投げかけます。しかし、じっと見据えている目は笑っていません。

やがて青年は、遍路の年老いた頰《ほお》に、とめどもなく伝わり流れる涙を見ます。青年にも、理由もわからぬままに、涙が溢れてくるのでした。

「遍路の話が真実のことかどうかは、私は知らぬ。あるいは長い旅路に疲れはてた人の妄想であったかもしれぬ。だが、妄想とはいったい何であろう。そして、真実とはいったい何であろう。私は老いた遍路の溢れ落ちる涙の中に、紛《まぎ》れもない真実を見ていた」

青年はこうして、今まで消えかけていた生命の炎を灯《とも》しはじめます。

先に書いた、自殺をしかけた医者と同じように、死ぬために辿《たど》りついた場所で、青年は死とはまるでうらはらな生の営《いとな》みを始めたのです。

遍路が青年だけに自分の話を聞かせたのは、青年の中に遍路が体験した同種の苦悩を見たからでしょう。そして青年は、遍路の目から溢れ出る涙の中に「紛れもない真実」を見ます。生きていくうえで、心の痛みを抱えているのは自分だけではないということを、青年は知ったのです。

この世ははかなく、虚《むな》しい〝夢〟の連続かもしれません。しかし、青年が「どこに夢でない真実があるのか」と問いかけるように、夢、すなわち生の営みの中にこそ、紛れもない真実が存在するのです。

死者と出会った、死者からメッセージを受けとった……。それは、他者から見れば、幻想や思い込みなのかもしれません。「事実」であるはずがないと言うでしょう。けれども、本人にとっては生の営みの中で体験した真実そのものです。そして、その〝紛れもない真実の体験〟により、その人は癒され、生き方を根源から変えていくのです。

第七話

亡き幼子《おさなご》からのメッセージ

六歳で逝《い》った一人息子

しんと家の中は静まりかえっています。藍原真由美さんは部屋の片隅にぽつんと座り込み、いつものように手を握りしめました。掌《てのひら》の中には、漆《うるし》塗りの小箱がありました。もう何万回と繰り返し握りしめた、小箱の滑《なめ》らかな感触を味わうと、真由美さんは安堵《あんど》のため息を漏《も》らしました。

真由美さんの一人息子の翔太君が亡くなってから、一年が経とうとしていました。翔太君は白血病に冒され、わずか六歳で天に召されました。発病するまでの翔太君は、家の中を駆けまわったり、真由美さんをいつも質問攻めにしてしまうような、溌剌《はつらつ》とした子どもでした。

翔太君はよく〝宝探し〟をして遊んでいました。翔太君は真由美さんの身の回りのものを、こっそりと押入れやタンスの奥に隠してしまうのです。真由美さんが困った顔をして探していると、素知らぬ顔をして、「ボクが宝探ししてあげる」と家中の引出しを開けていきます。最後に、やっと見つけだしたような顔をして、真由美さんに隠したものをはしゃぎながら渡すのでした。

そんなかわいい盛りの愛息《あいそく》がいなくなった家は、まるでがらんとした空洞で、その中で真由美さんも抜け殻のように、始終、虚無感を抱えていました。

子どものことを思い出すたびに、真由美さんは無意識のうちに、小箱を握りしめるようになりました。そうすると、少しだけ寂しさが紛《まぎ》れ、どうしようもない不安が和《やわ》らぐのでした。

その箱は、真由美さんが幼いころに、お祖父《じい》さんがくれたものでした。

「玉手箱を真由美にあげよう」と、お祖父さんが渡した小さな箱は、艶《つや》やかな漆黒《しっこく》で、細密に描かれた牡丹《ぼたん》の花が鮮《あざ》やかに浮きあがっていました。開閉できる引出しがついた精巧な作りの箱でした。

初孫だった真由美さんは、お祖父さんからとても可愛がられて育ちました。真由美さんはその箱を、宝物のように大切にしていました。

「おじいちゃんがいなくなっても、おじいちゃんはいつも真由美のことを守ってあげるからね。寂しくなったら、玉手箱を出しておじいちゃんのことを思い出しておくれ」

お祖父さんが亡くなる前に語った言葉は、真由美さんの心にしっかりと刻まれました。

大人になって結婚してからも、玉手箱を自分のお守りとして、いつも身近に置いておくようになりました。

祖父の魂が宿るお守り

ある朝、真由美さんが夫を仕事に送りだしたあと、うたた寝をしていると、園児たちのにぎやかな声が聞こえてきました。彼女ははっとして目を覚ましました。

「そうだ、翔太を起こして、幼稚園に行かせなくては」

一瞬、そう思ったのち、もう息子はいないという現実に立ちかえると、やりどころのない虚《むな》しさに真由美さんは打ちひしがれました。

真由美さんの家の前は、幼稚園のバスの停留所になっていました。幼稚園に行くのが大好きだった翔太君は、バスが到着するのが待ち遠しくて、いつも真っ先にバス停に並んでいました。

園児たちのはしゃぐ声が、静まりかえった家の中に響いてきます。あの声の中に、自分の息子の声はないのだと思うと、真由美さんは耳を塞《ふさ》ぎました。

「お母さん、翔太君のお母さん、どうしていますか。お元気ですか」

玄関先で幼稚園の先生の声がします。翔太君が死んでから、幼稚園の先生は真由美さんを気遣って、バスが到着すると、ときどき励ましの声をかけてくれました。

「ええ、元気に暮らしていますよ。いつも、お気遣いくださってありがとうございます」

真由美さんは笑顔を作って、お礼を言いました。みんないろいろと心配してくれているのに、もっとしっかりしなくては――。そう自分に言い聞かせました。

バスが出発する音が聞こえ、園児たちの騒がしい声が消えると、再び静寂が家を支配しました。

翔太君が一時、退院して家で静養していたときのことを、真由美さんは思い出していました。

毎朝、園児たちがバスに乗る前に、息子の名前を呼びながら玄関から顔を覗《のぞ》かせてくれたこと。帰り際には、子どもたちが家に上がって、息子と遊んでくれたこと。子どもたちが家に寄ってくれると思った日は、ケーキをたくさん焼いて待っていたこと。病みあがりでも、おおはしゃぎして「今度はいつ来てくれるの」と尋ねていた息子の顔……。

真由美さんは居ても立ってもいられなくなり、玉手箱が置いてある棚のところに夢遊《むゆう》病者《びょうしゃ》のように歩いていきました。ところが、手を伸ばしても小箱がありません。ぎょっとして家じゅうをくまなく探しまわりましたが、どうしても玉手箱は見つかりませんでした。

夫が帰宅すると、台所で真由美さんがぐったりと、うなだれていました。

「どうしたんだ。何かあったのか」と、夫が尋ねても、真由美さんは放心状態で、

「箱がない。私の玉手箱がない」と繰り返すばかりです。

夫も箱を家の隅から隅まで探してくれましたが、やはり見つかりません。

「大丈夫だよ。そのうちに出てくるよ。また、明日、探してみよう。疲れているようだから、今日は早く休みなさい」

そう夫が慰めると、真由美さんはきっとした表情で言いました。

「箱がないと生きていけません。あれは、お祖父さんが私に特別にくれた宝物なんです。今までずっと一緒だったんです。玉手箱が自分のそばになかったのは、翔太を産んだお産のときだけなのよ。

翔太が入院していたときも、いつもそばに置いていたわ。あんなに元気な子がベッドに括《くく》りつけられて、可哀相で可哀相で……、あの箱をずっと握りしめながら、元気になるようにお祈りしていたんです。あんなに飛び跳ねていた子が……」

真由美さんは、泣きくずれました。

玉手箱は彼女にとって、お祖父さんの魂が宿るお守りでした。辛くて苦しいとき漆の箱を握りしめると、亡くなったお祖父さんが見守ってくれているように感じ、安らかな気持ちになりました。玉手箱に触れながら、真由美さんはお祖父さんと心の中で対話し、導かれていったのでしょう。

子どもが死んでからも、玉手箱を握ると自分を取り戻し、まだどこかで息子と繋がっていると思えたのでした。けれども、それを失うと、お祖父さんからも子どもからも完全に切り離されてしまったと感じ、生きる気力がなくなり、恐怖感が募《つの》っていきました。

毎日、真由美さんは玉手箱を探しつづけました。箱がなくなってから、二週間ほど経ったときのことです。ある昼下がり、いつものように小箱を探して疲れ果て、真由美さんは、うとうととしはじめました。

精霊が探した玉手箱

「ママ、ママ」

小さな手が真由美さんの腕を揺すりました。

真由美さんが目を開けると、翔太君が立っています。
「ボクが探してあげるよ」
そう言って、翔太君は家の奥へ向かいました。翔太君は裾《すそ》の長い白装束《しろしょうぞく》を纏《まと》ってい
ました。真由美さんは裾が足に引っかかるのではないかと、気を揉《も》みましたが、翔太君
は振り返り、「心配しなくても大丈夫だよ」という顔をして、飛び跳ねるようにして先
へ先へと進んでいきます。真由美さんの前を、白い裾がふわり、ふわりと揺れながら動
いていきました。
最愛の息子が、再び自分の前に現われたのです。嬉しさのあまり真由美さんは、昔と
同じ感覚に戻り、子どもと過ごした時間を再び生きはじめました。息子と一緒に〝宝探
し〟に夢中になり、子どもが死んだという事実など、すっかり忘れていました。
「翔太君、そんなに真っ直ぐ行ったら、壁にぶつかっちゃうわよ」
真由美さんが叫んでも、翔太君は以前と変わらない俊敏な動作で、お構いなしにどん
どん進みます。そして、スーッと壁を通りぬけてしまいました。そして翔太君は立ちど
まり、向こう側の部屋で真由美さんを手招きして呼びました。
「ねぇママ、この机をちょっと動かして」

真由美さんが机を移動させると、裏側に探しつづけていた玉手箱が落ちていました。

翔太君は、小箱を小さな手で拾い、「ママ、この椅子に座ってちょうだい」と言いました。

真由美さんが背の低い肘掛《ひじか》け椅子に座ると、「はい、ママの玉手箱」と、翔太君はにっこりして小箱を手渡しました。

真由美さんも微笑《ほほえ》んで、小箱をぎゅっと握りながら翔太君の顔を見上げました。

「ママ、玉手箱を机の上に置いて」

「今度は、お膝の上に手を置いて」

「もう一度、玉手箱を取って」

「また、置いてちょうだい」

翔太君はいたずらっ子がよくするように、母親に同じ動作を反復させては、きゃっ、きゃっと無邪気に喜びました。真由美さんも、子どもと昔のように遊んでいると、嬉しさがこみあげてきました。それは以前と少しも変わらない、母と子の微笑ましい情景でした。

「ママ、もう一度、玉手箱を取って。今度はゆっくり、手に取って」

真由美さんがそのようにすると、翔太君はこう言いました。

「玉手箱を持っているときも、ボクのママだよね」

「そう、翔太君のママよ」

「じゃあ、玉手箱をゆっくり机の上に置いて」

真由美さんは不思議そうな顔で、翔太君を見上げました。そのときの翔太君は、姿形は子どものままですが、どこか威厳に満ちて凛々《りり》しく、知恵の塊《かたまり》のように見えました。

「玉手箱を持っていなければ、もうボクのママではないの？」

「ううん、玉手箱があってもなくても、ママは翔太君のママよ」

「そう、ママはママなんだね」

真由美さんを見下ろしていた小さな息子は、そのときすっと大きくなっていくように見え、神々《こうごう》しささえ感じられました。いったい何が起きているのだろうと、真由美さんが戸惑っていると、翔太君は一瞬のうちに目の前から消えました。

真由美さんの手には、玉手箱がしっかりと握られていました。

息子が現われた意味

真由美さんと私が出会ったのは、それから一年経ったときでした。

「先生、少しお話をさせてください」と、講演を終えた私のところへ、真由美さんが話しかけてきました。

彼女は三十代前半で、真っ白な肌が印象的なふくよかな女性でした。悲しみや苦しみを通りぬけてきた人特有の、深い光を瞳に湛《たた》えていました。

息子さんが元気だったころの思い出を話す真由美さんは、本当に嬉しそうで、それほどまでに愛していた子どもを失った苦しみを察すると、胸が痛くなる思いがしました。

「死んだ息子が目前に現われたことには、何か意味があるのではないでしょうか。玉手箱が手もとに戻ってきてから、一年間ずっとその意味を思いめぐらしているのです」

真由美さんは私に、このように質問しました。

「息子さんが突然、そんなに神々しく見えたということは、真由美さんに何かを伝えにきたのかもしれませんね」

私が言うと、彼女はこっくりと頷《うなず》きました。

「ええ、そう思うのです。息子が現われてから、自分はとっても変わりました」

息子と一緒に幼稚園に通っていた子どもたちは、もう小学生になり、どんどん成長していっている。三人の子どもがすくすくと育っている夫婦もいるのに、どうして自分のところはたった一人の子どもを奪われてしまったのだろう。そんなふうに思わずにはいられなくて、夫に悪いと思いながらも、泣き言やひがみばかりをぶつけてきました。けれども、息子が現われてからそのような感情は薄れ、息子の死が何か自分にとって大きな意味があるのではないかと思うようになったと語りました。

自分の中に宝はある

「でも、あの不思議な出来事がいったいどういうことだったのか、いまだによくわからないのです」

「翔太君は、あなたに『玉手箱がなくても、ママはママだよ』と言ったのですね」

と、私は息子さんの言葉を繰り返し、

「その玉手箱は、あなたにとってどういう存在だったのでしょうか」と尋ねました。

真由美さんは、お祖父さんからもらった玉手箱を、お守りのように大切にして、息子の出産のとき以外はずっとそばに置いていたことを話しました。

「翔太君が生まれるときは、翔太君のほうが大切だったから玉手箱は必要なかったのですね」

「ああ、そうかもしれません。でも、翔太が生まれて子どもがいるのが当たり前の生活になると、また玉手箱をときどき手に取るようになったのです」

「それは、こういうことでしょうか。お産のときは、玉手箱以上の素晴らしい宝物が生まれるのだから、箱のことは忘れてしまった。けれども、翔太君との生活に慣れてしまうと、また別の宝をどこかで探しはじめていたということですか」

「そうかもしれません」

「翔太君が亡くなって、玉手箱もなくなってしまったとき、どんなお気持ちでしたか」

「自分のすべてが失われて、空っぽになったようでした。いつも守ってくれていると思っていた死んだ祖父から見捨てられ、子どもとの絆も断ち切られてしまったと感じました。それで、パニックに陥り、必死で小箱を探しはじめたのです」

「玉手箱が戻ってくると、本当の自分に戻れると思ったのですね」

「そうなんです。それに、玉手箱があると翔太がまだどこかで生きているという気持ちになれたんです」

「玉手箱が真由美さんにとってのいちばんの宝だったのですか」

「……いいえ、いちばんの宝物はもちろん翔太でした」

「あなたにとって本当に大事な〝玉手箱〟は、翔太君だったわけですね」

「ええ、そうです」

「いちばん大切な〝玉手箱〟は翔太君、そして、『玉手箱がなくてもママはママ』と、翔太君は言いましたね。それならば、いちばん大事な玉手箱である翔太君を失ったあなたは、誰ですか」

真由美さんは少しの間、宙を見つめてから自分に言い聞かせるように言いました。

「私は私です」

そして、あっ！　と小声で叫び、目を輝かせました。

「今、わかりました。『玉手箱がなくても、ママはママでしょ』と、息子は何度も繰り返していました。私はその箱が戻ってくると、自分を取り戻せると思っていたけれども、それは違っていたのですね。玉手箱にすがらなくても、翔太がいなくなっても、私は私なんですね。それを翔太は教えに来たのですね」

自分の外にではなく、自分の中に本当は宝があるのだということ。何かに頼らなくても、自分という存在は生きているだけで大切なのだ。それを伝えるために、死んだ翔太君が現われたのだと、真由美さんは気がついたのでした。

悟りという言葉は、英語でエンライトメント（enlightenment＝光り輝くこと）といいますが、そのときの彼女の表情は、光が溢《あふ》れ出ているような輝きを帯びていました。

真由美さんの話に出てくる玉手箱は、とても象徴的なことを表わしていると思います。美しい牡丹の花が描かれた漆黒の小箱は、中身は空っぽです。どんなにきらびやかな玉手箱でも、お伽話《とぎばなし》の譬《たと》えのように、中を開けると煙しか出てこないのです。

今まで自分以外のところに生きがいを求めて、それを失うと生きる望みも失ってしまいそうだった真由美さんは、死んだ息子さんの言葉によって生き返ったのです。

死を超えた「魂の蘇《よみがえ》り」

聖書のルカによる福音書七章に、イエスが行なった奇蹟の話があります。

イエスがナインという町に、弟子たちと一緒に行かれたときのことです。町の門に近づくと、ひとり息子を亡くした寡婦《かふ》が、亡骸《なきがら》を葬《ほうむ》りに出すところでした。大勢の町の人たちが、その母に付き添っています。

イエスはその婦人を見て深い同情を寄せ、「泣かないでいなさい」と言います。そして、近寄って棺《ひつぎ》に手を添えて、声をかけました。

「若者よ、さあ、起きなさい」

すると、死んだ息子が起きあがって喋《しゃべ》りだしました。

一部始終を見ていた群集たちは畏《おそ》れ、「神はその民を顧みてくださった」と神を誉《ほ》めたたえます。

これは癒しを本当に必要としている人に、恵みに満ちた神の御業《みわざ》が施された譬え話です。真由美さんの前に翔太君が、はっきりとした姿で現われたとき、彼女はこの寡婦と同質の喜びを感じたにちがいありません。

「苦しむ者は幸いである」とは、キリスト教の基本的な考え方です。救いを求めつづけていた真由美さんにも、肉体の死を超えた「魂の蘇《よみがえ》り」という奇蹟が起こりました。

愛する人の死の現実を、はっきりと受け入れるようになったとき、生きていくことの尊さがわかります。自分の大切な命は無限の恵みであり、私たちの存在の根源をなし、与えられている命ゆえに、自分という存在に敬意を払う必要があるということ。そのことを亡くなった人たちは、あとに残る私たちに大きな知恵として遺《のこ》してくれます。

「自分の中にある宝物を大切にして、豊かな自分自身の人生を生きていくように」

小さな命が残した、珠玉のメッセージです。

第八話

「生きる意味」を伝えるために蘇《よみがえ》った夫

急逝した無口な夫

戸田美佐子さんは四十数年間連れ添ったご主人を三年ほど前に亡くしました。

ご主人は一人で道路を歩いている途中、心臓発作に襲われて救急車で病院に運ばれました。美佐子さんが病院に駆けつけたときには、六十八歳のご主人はすでに息を引きとっていたそうです。

家を出るときには、あんなに元気だった夫が、今は冷たくなって自分の前に横たわっている。こんなにも簡単に人は死ぬものなのか……。何の前触れもなく、唐突に訪れた夫の死を、美佐子さんはなかなか受け入れられず、たいへん戸惑いました。

周囲の人たちは、子どもに恵まれず、六十歳を越えて独《ひと》り残された彼女の境遇に、とても同情してくれました。

頭が混乱した状態のまま、美佐子さんはあたふたと葬式を済ませました。やがて四十九日も終えたころのことです。夫を失った虚脱感と同時に、何か肩の荷が降りたような安堵《あんど》の気持ちが美佐子さんを包みました。

美佐子さんは終戦後ほどなくして、見合い結婚をしました。当時は、戦争で戦死したために若い男性が少ない時代でしたので、「こんないい話はない」という両親の勧めるままに、美佐子さんも女学校を卒業後、お見合いをしました。そして、一回のお見合いのあと、相手のことがよくわからないままに結婚が決まりました。夫となる人については、病弱だったので兵役に取られなかったこと、市役所に勤めていることぐらいしか、美佐子さんは知りませんでした。

結婚式の当日、新郎側の席のほうで礼装した男性たちが談笑しているけれども、どの人が自分の夫となる人かさえ見分けがつかない。夫の実家で行なわれた披露宴のときも、恥ずかしくてまともに夫の顔を見ることができない。夜になり、初めて二人きりになったときに、「ああ、生涯の伴侶となった人はこの人なんだ」とようやく知った。そんな状態で、二人の結婚生活は始まりました。

市役所勤めの夫は、口数が少なく、感情をあまり表現しない人でした。仕事を終えて帰宅すると、夕食が並べられた食卓につき、黙々と食事をします。

「今日のお仕事は、いかがでしたか」と美佐子さんが尋ねても、

「毎日、同じことの繰り返しだよ。役所の仕事なんて、何十年働いたって変わるわけがない」と、ぶっきらぼうに答えるだけです。

「家の中が殺風景だから、お花でも生けようと思うんですけど、どんなお花がよろしいでしょうかね」

美佐子さんが話題を探して口にすると、「まだ世の中は貧しいのだから、そんな贅沢《ぜいたく》なことは控えなさい」と否定されてしまいます。

美佐子さんも、もともと物静かで、外向的な人ではありませんでしたから、夫に口答えするよりは、黙って従うほうが気楽だったのでしょう。子どもにも恵まれず、あたたかい会話の少ない家庭生活でしたが、美佐子さんにとっては、夫が無口なことが逆に幸いであるように思えました。食事や身の回りの世話をして、家に引きこもってさえいれば、平穏無事な時間が流れていったからです。

昭和二十年代でしたので、離婚など許されないと美佐子さんが思い込んだのも無理はありません。

戦後の貧しい時期に、失業の心配がなく、収入の安定した夫と慎《つつ》ましい生活を送れるだけでも、恵まれているのかもしれない。二人の間は、諍《いさか》い事も起こらない代わりに感激するようなこともなく、変わりばえのしない日常を繰り返すだけだが、こういう夫婦の姿もあるのだろう。最初のうちは戸惑《とまど》っていた美佐子さんでしたが、そう思いなおすようになり、結婚生活にだんだんと慣れてきました。

夫婦が住んでいた家は、昭和の初期に建った古い木造の家でした。美佐子さんはひとおりの家事を終えると時間をもてあましてしまうので、朝から晩まで家じゅうの柱や戸棚や壁を磨きつづけました。朝起きると、天井の煤《すす》を払い、家具を一つひとつ動かして戸棚や机の裏まで糠袋《ぬかぶくろ》で磨く。そんな毎日を淡々と送るようになりました。

子ども時代の傷

あるとき、美佐子さんが風邪をこじらせて一週間ほど寝込んでしまったことがありました。夫は家のことは妻任せで、自分の衣類がどこにしまってあるかもわからない人でしたから、途方に暮れました。最初のうちは、妻の体調を問うため声をかけたり、店屋《てんや》物《もの》で食事を済ませたりしていましたが、妻の病気が長引くにつれ、だんだんと夫は苛立《いら》つようになってきました。

「お前もまた、俺にこんな思いをさせるのか！」

それは、夫が初めて見せた激しい感情でした。

「『お前もまた』というのは、いったいどういうことなのですか」

美佐子さんがおずおずと尋ねると、夫は自分の生い立ちを一気に語りはじめました。夫の父親は、彼が生まれた直後に病気で死に、母親は彼が四、五歳のころに六人の子どもがいる男性と連れ子再婚しました。夫は一時に兄四人、姉二人の異父兄弟の末っ子となったのです。

母親は実の子どもでなくても、分け隔《へだ》てなく厳しい躾《しつけ》をする女性でした。母親に叱られた先妻の子どもたちは「継子苛《ままこいじ》めをされた」と、母親の連れ子の夫に当たります。家の中は、年じゅう、子どもの泣き声と母親のヒステリックな声が絶えないような状態でした。気の弱い継父《ままちち》は家から逃げだすように、外泊するようになりました。

そのような悲惨な家庭環境のしわ寄せは、いちばん幼くて立場の弱い子どもだった夫に集中して、彼は一日として心が休まることがなかったそうです。さらに彼にとって過酷なことに、母親が再婚して数年後に亡くなってしまったのです。七人の子どもを抱えた継父は、再再婚しました。

「どうしてお母さんは自分を独り残して、死んじゃったんだ」

複雑な家庭の中で、彼はやり場のない悲しみを心に溜《た》めながら、鬱屈《うっくつ》した少年時代を過ごしました。自分のことが原因で血の繋がっていない家族に波風が立たないように、いつも片隅でひっそりと大人しくしている少年になりました。

「お袋と同じようにお前も、俺の前から消えてしまうのだろう。俺を独りぼっちにするのだろう」

唇を震わせながら、絞りだすような声で話す夫を、美佐子さんは返す言葉もなく見つめていました。結婚してから初めて夫の過去を聞き、夫がなぜ頑《かたく》なに心を閉ざしていたのか、ようやく理解できました。

彼は、自分がこのような辛い環境から抜けだすには、勉強に励んでいい大学に行き、自立することだけだと信じました。そして大学に入り、市役所に勤め、美佐子さんと結婚したのです。

「こんなにも深い心の傷を受けた人に、私は手を差しのべてあげられるだろうか」

夫の話に衝撃を受けた美佐子さんは、癒《いや》せぬ傷を抱えたままの夫と、これから先も生活していけるのだろうかと、たいへん動揺しました。自分はなす術《すべ》もないけれど、一緒に暮らすことで、この人のどうしようもない孤独感が少しでも和らぐなら、それだけでもいいのかもしれないと、自分を納得させせました。

美佐子さんの体調が回復したあとは、まるで何事も起こらなかったかのように、以前と同じ日常に戻りました。美佐子さんは黙々と家中を磨きつづけました。夫は帰宅すると相変わらず黙ったまま、食卓につきます。

「あんな辛い家庭環境で育った人なのだから、平穏な日常がいちばんなんでしょう」

ぐっすりと寝入っている夫の顔を横目でちらりと見て、ある晩、美佐子さんはふと、そう思いました。

夫の打ち明け話を聞いた直後、美佐子さんは腫《は》れ物に触るように、夫に気を遣っていましたが、無心に眠っている夫の寝顔を見てから、美佐子さんは少し慰められた感じがしました。

長年、家の壁や床を糠袋で磨きつづけると、とくに上質でもない木材でも、それなりに味わいのある艶《つや》を放つようになります。それは、結婚生活を送る家の中で、唯一、目に見えて小さな変化を遂げている部分でした。日増しに輝いていく木目《もくめ》は、紛《まぎ》れもなく夫と一緒に重ねた歳月の痕跡《こんせき》でした。

その木目を眺めることが、彼女にとって日常のささやかな喜びとなり、生きがいとなっていったのです。

生まれて初めて感じた解放感

あまりにも唐突な夫の死は、馴染みのある人が突然、予告なしに旅に出てしまったようなものでした。

夫婦で思い出に残るような出来事を築きあげてきたわけではないし、急に姿が見えなくなったからといって、美佐子さんが悲嘆にくれることはありませんでした

ただ、いつも近くに存在していた人がいない——、そのような漠然とした喪失感を感じました。

四十九日が過ぎ、夫の遺品を整理しおえた美佐子さんは、閉め切っていた雨戸を久しぶりに開けました。やわらかな日差しが、美佐子さんの顔に降りそそぎます。太陽の光を浴びていると、彼女のからだに溜《た》まっていた埃《ほこり》がだんだんと払われていくような感覚になりました。

夫の死後、美佐子さんは庭に花の種を蒔《ま》きました。植物を育てるなんて贅沢だと夫に咎《とが》められてできなかったことです。

「本当に、あんなに小さな種から芽が出てきた」

自分が蒔いた種が芽生え、育っていき花を咲かせたとき、美佐子さんは新鮮な驚きを覚えました。そして、美佐子さんは生まれて初めてといえるような解放感に包まれたのでした。

今まで家の中は、生命の息吹きを感じさせない淀《よど》んだような空気が漂っていました。けれども、小さな花でさえも命を持ち、生命力を溢れさせていく。そして人間に喜びを与えている。それなのに、夫との四十数年の生活には、ほとんど目に見える生きている証《あか》しがありませんでした。

美佐子さんは自由な身になったという解放感を感じながらも、徐々に何か罪悪感のようなものが心の奥に生まれてきました。

「あの人の人生はいったい何だったんだろう。夫が生きてきた意味はあったのだろうか」

「自分は夫の人生に、何の貢献もできなかったのではないか」

夫は子どものころに受けた傷を引きずりながら、市役所で書類の整理を何十年も黙々と続け、人付き合いが苦手なので、家に真っ直ぐに帰り、家庭でも物静かに過ごしてきた。はたから見れば真面目で模範的な役人だった夫。けれども、深い悲しみを抱えたまま、人生に希望を見いだせなかった夫——。身近にいたその人に、自分は何らあたたかい感情を注《そそ》いであげることができなかった。

自分が人間として失格なのだという負い目を感じ、美佐子さんは自分を責めはじめるようになりました。

迷い込んできた子犬

「ところが、あるとき子犬が迷い込んできたんです」

それまで、淡々と抑揚のない口調で語っていた美佐子さんの瞳が、ぱあっと急に輝きました。端整な顔立ちだけれども、表情がなく能面のようだった美佐子さんの顔が、みるみる生き生きとしてきました。美佐子さんは結婚生活の四十数年間、自分らしさをなかなか表に出せずに生きてきたけれど、本当はおそらく感受性が豊かな人なのだろう。私は彼女の本質を垣間《かいま》見たような気がしました。

美佐子さんの表情を別人のように変えたものは、ある一つの出来事でした。

花の手入れをしているときに、子犬が庭に迷い込んできて、美佐子さんの足元にうずくまりました。首輪もなく、毛も汚れているところを見ると捨てられたようです。

「あっちに行きなさい」と追い返そうとしても、足元を動こうとしません。そのままにして、美佐子さんが買い物に出かけて戻ってくると、その子犬は門のところで尻尾《しっぽ》を振って待っていました。

夕飯を食べ終えて庭をひょいと覗《のぞ》いてみると、まだ子犬は門のそばに座っています。餌を与えると、よほどお腹が空いていたのか、あっという間にたいらげて、そのまま美佐子さんの家の縁の下で寝てしまいました。

美佐子さんは犬を放し飼いにしていると近所迷惑になると思い、鎖でつないで朝夕、散歩に連れていくようになりました。犬に引っ張られるままに歩いていると、土手に出ました。すると、同じように犬を連れている人やいろいろな人たちが声をかけてきます。「かわいい犬ですね。名前は何ていうの?」、「オスですか、メスですか」、「何カ月になるのですか」

人と話すことに慣れていないので、初めのうち、美佐子さんはおずおずと「はい」とか「いいえ」とか片言でしか返事ができませんでした。

けれども、「もう犬の予防注射は済みましたか」と聞かれれば、そうか注射をしなければいけないのかと思い、必要に迫られて、「どういう手続きをして、どこですればいいいのですか」と人に尋ねてみます。

結婚以来、ずっと家に閉じこもっていた美佐子さんにとって、初めて世の中に出ていったようなものでした。

そのうちに彼女は、自分から花や犬の話ができるようになり、人と会話をすることがこんなにも楽しいものかと実感しました。

長年、彼女の内側で凍《こお》りついていたものが溶《と》けだし、息を吹き返したのでした。

「そういえば、この子犬が迷い込んできてから、自分は人に向かって知らず識らずのうちに話しかけていた。今日のお天気のことやら、夕飯は何にしようかといった他愛のないことも、死んだ夫のことも。犬を撫《な》でながら、ときには犬の目を覗き込みながら喋っていたのだ。

人間は何かに向かって、自分を語らずにはいられないものかもしれない……。では、それまではいったい自分は何に向かって話をしてきたのだろう……」

美佐子さんは、はっとして気づきました。

「そうだ、私はいつも家の木目を磨きながら、その木目に話しかけていたんだ」

木が語ったこと

四十年間、家の木目を糠袋で磨いていると、木目に沿ってどのような方向で、どのくらいの力を加えて磨けば味わいのある光沢が出るかがわかり、美佐子さんの腕はそれこそ職人芸の域に達していました。犬を飼うまでは気がつかなかったけれど、木にも命が宿っているのだと感じるようになりました。

木にも長い年月を風雪に耐え、年輪を刻みながら生きてきた歴史がある。そういうことを木目が自分に向かって無言のうちにいつも語りかけていた。自分も木目を磨きながら、心の中で木に語りかけていた。夫に話せないことを心の中で語り、木はそれを受けとめてくれた。木目の輝きは、夫と暮らしている年月の厚みを教えてくれた。だから、自分は気が変になることもなく生きることができたんだ。自分は今まで木の愛情に生かされていたんだ。

木は自分にけっして逆らうことなく、磨けば磨くほど艶やかに輝き、自分の姿を映し出す鏡のような存在になってくれていた。私は誰なんだろう。私はどこにいて、どこに行くのだろう。木目に問いかけながら、自分の心を映し出していた。

そのようなことを、美佐子さんはだんだんと思いめぐらすようになりました。

「世間の人から見ると、何一つ成し遂げず、無機質な変わりばえのない生活だけれども、そのように過ごしてきた中にも、何か意味があったのではないかしら。子犬と暮らすようになってから、そう気づいたんです。

家を組み立てている木は、自分が生まれるずっと前から過酷な自然を生きぬいて、この家に来て、自分が生きている間もその先もずっと存在しつづけます。何かそういう長い歳月を生きつづけるものは、人間を穏やかに包み込んで生きる力を与えてくれるのではないかと感じました。

そういうことがわかっただけでも、自分は生きていた甲斐があったのではないか。無意味な人生ではなかったのではないかと思えるようになったのです」

こうして、美佐子さんは自分の人生を違った目で見つめることができるようになったと言いました。

川原で聞いた夫の声

しかし、夫に対する罪意識はなかなか消えませんでした。犬のおかげで人とも自由に話せるようになり、明るく楽しい生活をしている自分を夫が見たら、どう思うのだろう。そのような後ろめたさも、よく感じました。

夫はあの世でも孤独なまま、悲しみを抱えて過ごしているのではないだろうか……。気持ちを通わせ合うのが下手《へた》な夫婦ではあったけれど、四十年以上もともに暮らしてきたのですから、気にならないはずはありません。心の奥底には夫に対する罪悪感が常に横たわっていました。

ある日の夕方、いつものように土手に犬を散歩に連れていったときのことです。犬がどんどんと川原のほうに降りていきました。そして水際に犬が座り、そのまま動こうとしなくなりました。仕方がないので美佐子さんも犬の横に座り込み、じっと川の流れを見ていました。

「川に放り込まれた小枝のように、私は今まで流されるままの人生を送ってきたのかもしれない。川の流れに巻き込まれていくうちに、どこに行くのかわからないのに、そのことさえ疑問に思わなかった。今、やっとゆるやかな川の水面に浮かび、周囲の景色を眺める余裕も持てるようになった」

さざ波に自分の気持ちをたゆたわせていると、ふと後方から夫の声が聞こえてきた気がしました。

「美佐子、お前はようやく自分らしくなったな」

それは紛れもなく死んだ夫の声でした。美佐子さんは、驚きもせず自然に夫の声に耳を傾けました。

「二人で暮らしているときに、お前を幸せな気持ちにさせてあげることができなかった。その原因は、わしが誰からも愛情をもらった経験が一度もなかったからなんだ。振り返ってみても、親の愛に包まれたという思い出が浮かんでこなかった。愛されたいと心底、欲していたけれど、どうしたら愛してもらえるのかもわからなかった。

愛されたことのない人間は、人を愛する方法がわからない。だから、人を愛することができないんだね。

お前と一緒にいて、自分の性格を直そうといつも思ってはいたんだよ。お前が辛い思いをしていると感じ、あったかい言葉をかけてあげようと思ったこともあったんだよ。けれども、どうしてもできなかった。

わしはそういうあたたかい言葉をかけられた経験がないし、大事にされた記憶がないからね。どういうふうに愛情を表現していいのかわからなかった。自分の性格を直そうとしても、どうすれば自分を変えることができるのかわからなかった。心の中では、お前に人並みの幸せな生活を送らせてあげたいと思うのだが、そういう自分の気持ちを伝えることすら、ままならなかった……」

死者に与えられた使命

夫の声は、こう言うとしばらくの間、途切れました。周囲はしんと静まりかえっています。犬は同じような格好で、美佐子さんの横におとなしく座っていました。

美佐子さんは自分がどこか別の世界にいるような気がしてきました。夫の声をもっと聞きたい。美佐子さんはじっと耳を澄ましました。

「顔も見たくないくらい大嫌いだった、ときには殺したいと思うほど憎みつづけた、あの継母《ままはは》と血の繋がっていない六人の兄と姉たち。ところが、わしが死んだときに、そろって迎えに来てくれたのは、彼らだった。

わしは道端で倒れて死んでから、ものすごいスピードで暗いトンネルのようなところを通りぬけた。すると、花が咲き乱れている野原が目の前に広がり、向こうから人が近づいてきた。継母の両わきに、兄と姉たちが手をつないで横一列に並びながら、一人ひとりがわしの名前を呼んでいるんだ。そしてわしのところまで来ると、わしを囲んで一緒に歩きだした。

その人たちは、わしが昔知っていた人たちとは、まったくちがった顔かたちで、透き通るような美しさに満ちていた。一瞬、誰の顔かわからなかったほどだ。生きているときには見たことがないような、やさしい表情だったから。

だがわしは、その人たちが誰か、はっきりと直感のようなものでわかったのだ。

『お前は今、新しい世界に入ってきた。この世界では許すことがいちばん大事なんだ。私たちもみんな許されてこの世界に迎え入れられた。だから、お前が迎え入れられるとき、私たちはお前に許しを請い、お前も許されていることを教えるために、こうして迎えに来たんだ』

そう、継母はわしに伝えた。わしは死んで初めて、一生思いつめていたこととは、まったく逆の体験をした。

その世界には許すとか謝るとかいう関係は存在せず、あらかじめすべてが許され、やさしく包まれるような慈愛に満ちていた。

そして自分の一生が、ぱっと目の前に繰りひろげられた。自分の行ないが、走馬灯《そうまとう》のように映し出された。自分がどんなに人を傷つけたかということや、どう思ってそういう行ないをしたのかという当時の感情までわかるほどだった。

一瞬のうちに、わしの人生のすべての出来事の一つひとつを見たのだ。

慈愛の光の中でわしの人生を見せつけられると、悔いを残すというのではなく、素直に許しを請いたいという気持ちになった。そうすると、こんなろくでなしの自分でも、自分の存在自体がすでに許され、愛に包まれているということをしみじみと感じることができたのだ。

愛に飢え、死ぬまで悲しみを抱えた一生を過ごしたからこそ、わかるのだ。今、愛に溢れた輝く世界にいることを。本当は、生きている間も愛に包まれていたのだ。そのことにわしは、生前は気がつかなかったんだよ。

だから、お前には、お前が生きているうちに愛の世界を知ってほしい、そう伝えたいと思って声をかけたのだ。

人間が生きている世界は、根底では愛で繋がっていて、一人ひとりが多くの愛情をいろいろな形で受けている。人間は、それになかなか気がつかないだけなんだ。

妻のお前にそのことを伝えることが、わしに残された使命だったのだ。

わしのことは、もう気にかける必要はないよ。安心して暮らしておくれ。わしは実の母や継母や兄や姉と一緒に幸せにしているのだから。お前も思う存分、好きなことをして明るく暮らしなさい。

それから、覚えておいておくれ。人間にとって許し合うということが、生きていくうえでいちばん大事なことだということを。頭ではわかっていても、感情に引きずられてできないときもあるだろう。

それでも、人を許し、自分自身を許すことを学んでいきなさい。恨みは人をも、自分をも刺す棘《とげ》となることを覚えていておくれ。

お前のところに、犬が迷い込んできただろう。餌をやるのを忘れても、うっかり足を踏みつけてしまっても、その犬はお前を見ると、次の瞬間には尻尾を振って喜んでいるだろう。

犬はお前の過ちをすぐに許し、恨みを持ちつづけたりはしない。真っ直ぐにお前に愛情を示す。お前が許すことを学ぶために、犬は来たのだよ」

そこで、夫の声は終わりました。

〝許し〟こそ人生の根源

ふっと我《われ》に返ると、美佐子さんの膝の上で子犬が眠っていました。美佐子さんも、子犬と一緒にうとうととしていたようです。

「ああ、これは間違いなく夫の声だ。夫が今、私のもとに来てくれたんだ」

多くを語らなかった生前とはまったく逆に、やさしい声で話していた夫を、美佐子さんは素直に、これこそ夫の真実であり本音だと確信しました。

許しこそ人生の根源――。そのことを美佐子さんはからだじゅうで実感しました。聖者が悟りを開くというのは、こういう感じではないかとも思いました。

「それ以来、『私を許してください。人を許せる人間にしてください』と、毎日、念仏のように唱えています」と、美佐子さんは言いました。

美佐子さんの話を聞きながら、私はかつて出会った至福の光のことを思いめぐらしていました。あとで臨死体験だったとわかったのですが、そのとき私は、いちめん光の世界にいたのです。

「この命そのものの光の主に、私はすべてを知りつくされ、理解され、受け入れられ、許され、完全に愛しぬかれている」

光の中で、私は瞬時にそうはっきりと理解しました。おそらく、美佐子さんの夫も亡くなったとき、同じような至福の愛の境地に入っていき、その世界で生きる人となったのだと、そう確信いたしました。

人の役に立つという喜び

家の戸棚や壁をあらためて眺めると、味わいのある深い光を放っています。何の変哲もないありふれた棚でも、丹精を込めて磨けば素晴らしく輝く。自分のことも無価値な人間だと信じ込んできたけれども、残された日々を人のために費やすことはできるのではないだろうか。もう家の木目だけを磨くのはやめよう。磨かなければならないものは、もっとほかにたくさんある。

美佐子さんがそのように思いはじめた矢先、子犬を散歩に連れていったときのことです。

そのころには、いろいろなコースを辿《たど》って散歩に連れていくようになっていました。家から十分ほど歩いたところにある高い塀に囲まれた建物の脇を、いつもはそのまま通りすぎていくのですが、その日に限って子犬は建物の門のほうに引っ張っていきます。そして、子犬は敷地の中に、どんどんと入っていきました。

美佐子さんもつられて中に入っていくと、建物から、一人の老人が出てきました。大声で何かを喋っています。しばらくすると、若い男の人があわてて飛んできました。

「何かご用ですか」

「いえ、たまたま通りすがったものなのですけれど。犬が入っていこうとするものですから……。ここは、いったいどういうところなのでしょうか」

「ここは老人ホームです。人手が足りなくて、なかなか老人の方、全員に目が行き渡らないので、ときどきこんな事態になってしまうのです」

その職員に話を聞くと、この老人ホームは認知症の人たちを専門にケアしているところで、なかなか働き手がいないのでたいへん困っているということでした。

「どういうことで、いちばん困っているのですか」

美佐子さんが尋ねると、あたりかまわず汚してしまうので、掃除が大変だと言われました。

「それでしたら、私がお手伝いいたしましょう。掃除は得意ですから」

こうして、美佐子さんの老人ホームでの仕事が始まりました。

認知症の老人たちは好き勝手なことを口に出すけれど、会話が成り立っているわけではありません。意思の疎通が上手にできない世界に、美佐子さんもかつてはいたことがあるわけですから、老人ホームで働くことは、まったく苦にはなりませんでした。美佐子さんは、木目を磨くように一生懸命、掃除をしました。

ホームの職員の人たちは、美佐子さんの仕事ぶりをとても感心して喜んでくれました。人から喜ばれるということがこんなにも嬉しいものなのかと、初めて彼女は感じました。

そして、同時に美佐子さんは、職員の愚痴の聞き役にもなりました。老人たちにいかに手がかかるか、不愉快な思いにさせられることが多いかということを、彼女はさんざん聞かされました。そのたびに、川原で聞いた「許し合うことがいちばん大切だ」という夫の声が美佐子さんの心に鮮《あざ》やかに蘇《よみがえ》ってきました。

今まで何一つ社会に貢献したことのない自分は、今、人のお役に立っている。自分でも人のために何かができるという喜びを味わわせてもらっている。そのうえ、お給料までもらっている。それだけで、じゅうぶんではないか。老人が自分に迷惑をかけているという思いは、美佐子さんには微塵《みじん》もありませんでした。

夫が川原ではっきりとした声で、「人を許すように」と言ってくれたとき、美佐子さんは変わったのです。それ以来、許せないということが一つもなくなったと彼女は言います。そうすることで、自分を責めつづけていた生活から抜け出せたのだから、感謝するのみですと、にこやかに語りました。

自分自身の中に築きあげてしまった〝罪意識〟は、その人から生きるエネルギーを奪い、他の人との調和からその人を孤立させてしまいます。心に根を張った罪悪感は、生きながらにその人を萎《な》えさせ、ときには、からだをも蝕《むしば》んでいくほどです。

自分が許されているということに気づき、その罪意識から解放されたとき、その人に生きる力が蘇ってくるだけでなく、他の人に捧げたいという素晴らしい生命力が湧いてくるのです。

生きる意味

「最近、黒澤明監督の『生きる』という映画を観ました。主人公の男性を、どうしても自分の夫に重ね合わせて観てしまい、涙が止まりませんでした」

美佐子さんの話を聞いて、私の脳裏に感動的なシーンが蘇ってきました。名優、志村喬《たかし》さんが雪の舞う遊園地で、ブランコをこぎながら「命短し恋せよ乙女……」と『ゴンドラの歌』をつぶやくように口ずさみ、静かに死んでいく場面です。

日本中に深い感銘を与えたこの映画は、人間が生きる意味をみごとに描ききった作品です。

主人公の老人は、市役所に勤める平凡な課長です。三十年間無欠勤という真面目さだけが取り柄で、同僚からは馬鹿にされ、無視されつづけています。

ある日、自分が胃癌《いがん》で余命幾《いく》ばくもないことを知ります。早く死に別れた妻との間の息子にも冷たくされ、絶望と孤独に陥った老人は、街へさまよい出て、飲み慣れない酒をあおります。

「自分の人生はいったい何だったのか……」。そこから、老人の内面が転換し、素晴らしい生の閃《ひらめ》きを見せていきます。

人生の最後に少しでも市民の役に立つことをしたい。そう願い、不可能と思われていた公園の造成に情熱を注ぎはじめました。そして、開園の前日、ブランコに揺られながら、雪明かりの中で安らかに人生の幕を降ろしていきます。

「夫と同じように市役所で黙々と働く主人公は、自分が癌に冒され、死が近いということを知って、人の役に立ちたいと、最後の人生を輝かせるような仕事をします。それに比べると、夫は死を予期せぬまま、あまりにもあっけなく逝《い》ってしまいました。

でも、映画を観ながら気づいたのです。何か形になることをやり遂げたから、その人の人生に価値があるということではないということを。

夫は夫なりの数十年の人生の重みがあったのです。そして、生きるということの意味を、人のために役に立ちたいという思いを、命に代えて私に教えてくれたのです。

はっきりとわかりました。夫が私に伝えた人を許すということは、相手が悪いことをしたから許すというのではないのです。その人がどういう人であろうと、素直にその人を受け入れて、何か手助けをしてあげること。それが許すということなのです。

私の人生は根底からまったく変わったような気がいたします。

夫は死んで、初めて私に贈り物をしてくれました。四十数年分をまとめて一度に、素晴らしいプレゼントに変えてくれました。

今、私はとても幸せです」

第九話

時空を超えて 人びとを救いつづける永遠の命

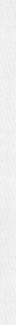

魔境に迷い込んだベテラン登山家

「厳しい山に入ると、生きているという充実感をからだじゅうで感じます。同時に、大自然の中にいる小さな自分の存在をいとおしく感じ、世間の煩《わずら》わしさをいっさい忘れて謙虚で厳粛な気持ちになれます。その気分を味わいたい。それで僕は山に登りつづけるのです」

山をこよなく愛している川村孝弘さんとは、山登りが好きな私の友人の紹介で出会いました。日焼けした顔をほころばせるときの笑顔が印象的な男性です。学生時代から山登りの魅力に取りつかれ、コンピュータ関係の仕事に就いている三十四歳の現在も、休日のたびに山に出かけているそうです。

山への想いは尽きることなく広がり、海外まで足を延ばすこともしばしばでした。ここ数年は岩壁を這《は》うようにして登っていくロック・クライミングにも挑戦していました。

これは、そんなベテランの登山家である孝弘さんが、思いがけず日本の冬山で遭難しかけたときの話です。

数年前の年末に、孝弘さんは南アルプスに向かいました。一人だったので、それほどむずかしくないルートを辿《たど》り、初日の出を山頂で迎えるつもりでした。真冬とは思えないようなあたたかい日、一面の雪は銀色にきらめき、頭上には抜けるような青い空が広がっています。

孝弘さんは先行者の踏み跡を辿り、周囲の景色を楽しみながら、緩《ゆる》やかな山道を登っていきました。

「この調子だと、予定より早く山小屋に着きそうだ。早めの昼飯をゆっくり食べて、ひと休みしよう」

風の当たらない岩蔭を見つけ、孝弘さんはザックを降ろして、汗ばんだ額をタオルで拭《ぬぐ》いました。目の前を数人の登山者たちが挨拶《あいさつ》をしながら通りすぎていきます。汗もすっかり引いてからだが少し冷んやりとしてきたころ、孝弘さんは再び歩きはじめました。

平坦な尾根をゆうゆうと歩きつづけ、そろそろ大斜面にさしかかろうとするとき、上のほうから霧が降りてきました。

「ガスが濃くならないうちに、できるだけ山小屋に近づいておこう」

孝弘さんはピッチを早め、雪道を登りました。

けれども、まもなく濃い霧に周囲は覆《おお》われ、視界が奪われました。さっきまで青空にくっきりと見えた山の稜線《りょうせん》は、乳白色の霧の中に埋没してしまいました。見えるのは足元だけで、数メートル先も見えない状態です。

ここで右往左往しても始まらないと孝弘さんは考え、ザックの上に腰を降ろし、霧が晴れるのを待つことにしました。

小一時間ほどして、わずかな間、霧が切れて景色が目に入ってきました 目指す山小屋が上のほうに小さく見えます。すぐにまた、視界は閉ざされてしまいましたが、方向はしっかりと確認できました。もう安心です。孝弘さんはピッケルを突きながら、雪の斜面を一歩一歩、踏みしめていきました。

しばらく、無心に登っていた孝弘さんは、ふと足の疲れを感じ、立ち止まりました。そして、霧の中でたたずんでいると、一瞬、奇妙な感覚に襲われました。

「自分はいったい、どこにいるんだろう」

方角を見定めて、登ったことのあるルートを順調に歩いているはずなのに、自分がまったく見知らぬ場所にいるような気がしたのです。

「変だな、どうしたっていうんだろう。こんなところで迷うはずないのに」

狐につままれたような気待ちで孝弘さんはポケットから磁石を出し、方向を確認しようとしました。しかし磁石の針は大きく左右に振れるばかりで、まったく働きません。

「これじゃあ、まるでミステリー・スポットだ」と、孝弘さんは思わずつぶやきました。

ミステリー・スポットは、アメリカ、カリフォルニア州の町、サンタクルーズの郊外に広がる森の一角にあります。三十度の角度に傾斜しているその場所は、磁場が狂っていて、水が重力に逆らい下から上へ向かって流れるようなところです。磁石はまったく作動しません。

ボールが下から上へと転がったり、身長の違う人間が並んで立つと、背の低い人のほうが高く見えたり、常識では考えられない不思議な現象が、このミステリー・スポットでは次々と起こります。鬱蒼《うっそう》としたこの森には、小鳥や小動物がたくさん住んでいますが、この付近にだけは近寄らないそうです。

孝弘さんは、何年か前に観光名所となっているこの場所を訪れていました。そのときにも、今感じているような、何とも説明しがたい奇妙な感覚を覚えたことを思い出しました。

雪の中に沈み込むからだ

忍び寄る不安を振りはらおうと、孝弘さんは自分に言いきかせました。

「こんなところで迷うはずがない。しっかりしろ。山小屋はすぐ近くにあるはずだ」

孝弘さんは、山小屋があるはずの方向に黙々と歩きはじめました。

けれども、行けども行けども、山小屋には行きつきません。孝弘さんの表情にはだんだん焦《あせ》りの色が浮かんできました。遭難という二文字が頭をかすめました。

急速に夕闇が迫ってきます。風は冷たくなり、孝弘さんは突然、寒気を覚え、身震いしました。

「日が落ちる前に、一刻も早く安全な場所を確保しなければ……」

孝弘さんは、非常用の雪洞《せつどう》をピッケルで掘りはじめました。たとえこれから吹雪になったとしても、雪洞に入っていれば、何とか朝までもちこたえるだろう。長年の登山の経験でそう判断したのです。

無我夢中で掘りつづけ、からだが入るくらいの雪洞が完成したときには、あたりはすっかり闇に覆《おお》われていました。

　孝弘さんは、雪洞に潜《もぐ》り込み、穴の入り口に小さな簡易テントを被《かぶ》せ、フタをしました。ほっと一息ついて、穴の中にじっと籠《こも》り、からだを休めていると、空腹感がどっと押し寄せてきました。

　ビスケットを頬張《ほおば》りながら、孝弘さんは自分に言い聞かせました。食糧もある、燃料もある、天気が回復するまでじっとしていれば大丈夫だ――。

　二時間ほどそうしていた孝弘さんは、風の音が消えているのに気づき、覆《おお》いをチラっとめくって外を覗《のぞ》きました。

　霧はすっかり晴れ、頭上に満月が煌々《こうこう》と輝いています。からだを起こし、外に出てみると、月光と雪明かりで視界は悪くありませんでした。どうやら、濃い霧の中を歩いているうちに、ルートから外れてしまったようです。

　地図を取り出して、月の出ている方角をもとに位置を確認すると、元のルートに戻るまでそれほど距離が離れていないことがわかりました。

「もうひとがんばりしよう」

　孝弘さんは月の出ている方角を見定めて、ヘッドランプを点《つ》けて深い雪の中を歩きだしました。三十分ほど歩くと、月明かりに照らされて雪の上に足跡がくっきりと浮かびあがっていました。ようやくルートに戻ったのかと近寄ってみると、まだ踏まれたばかりの足跡で、靴底のゴムの形まで鮮明です。しかも一人しか歩いていません。

それは紛《まぎ》れもない自分の足跡でした。孝弘さんはそれを見て、ぞっとしました。結局、先に進んでいるつもりが、同じ場所に戻っていたのです。

「月が出ているから、方向を間違えるはずないのに……。疲れ果てているわけでもないのに、リング・ワンダリングをしてしまったのだろうか」

降りつもった雪の表面が、月の光を浴びて、青白く不気味な光を放っています。その上に長く伸びている自分の黒い影。まるで魔物が背後に立っているように見えました。

雪に閉ざされ、すべてのものが息を潜めて沈黙している中、何か得体の知れない生き物がこちらを窺《うかが》っている、そんな感じもしました。

自分のいる場所は、普通の場所ではない、恐ろしい魔境なのだ。そう思ったとたん、とてつもない恐怖感が吹きだしてきました。いったん恐怖に捉われると、判断力がなくなってしまいます。

パニックに陥《おちい》った孝弘さんは、道に迷ったらむやみに動きまわってはいけないという山登りの鉄則も忘れていました。そして一刻も早くこの恐ろしい場所から抜けだそうと、がむしゃらに雪の中を歩きまわりました。

吹きだまった雪に足を踏み込むと、ズボリと全身が沈んでいきました。そこを抜けだすため、前に倒れ込んで雪を固め、ようやく這い出ます。

そして、また一歩足を踏み出すごとに、深い雪の中に胸の近くまでズブズブと埋まってしまうのでした。そうなると、次の一歩を踏み出すのに時間がかかって、その間に眠気が襲ってきます。

「今眠ったら死んでしまう。眠ったらだめだ」

そう思いながら必死で足を一歩前に踏み出すのですが、雪に足をとられているうちに、またうとうとしてしまうのです。

寒さはしんしんと深まる一方で体温は低下し、からだの動きも鈍《にぶ》くなっていきました。どのくらいそうして進みつづけたのか、孝弘さんは、自分がもはや一歩も足を踏み出せないほど、体力が衰弱していました。

差し出された杖

意識が朦朧《もうろう》としかけたとき、背後から誰かに肩を叩かれたような気がしました。それではっと目が覚め、うしろを振り向くと、雪の上に人が立っていました。その人は、背が高く痩《や》せこけた、西洋人のお年寄りでした。

不思議なことに、彼のからだは雪の中に沈み込んでしまうことはないようでした。老人は雪の上を滑るように、孝弘さんの前に回ってきました。そして雪の中に埋もれている孝弘さんに、黙って木の枝でできた杖を差し出したのです。見上げた老人の顔には、やさしい微笑みが浮かんでいました。白髪を長く伸ばし、こげ茶色の裾《すそ》の長い洋服を着て、すっくと立っている老人の姿は、どこかに気高さが感じられました。

意識が徐々にはっきりしてきた孝弘さんは、「こんなお年寄りが夜中に歩いているのなら、きっと自分も助かる」と思い、安堵のため息をつきました。

彼は、老人が差し出した杖をしっかりと握りました。すると、か細い老人のどこにそんな力があったのか、胸まで雪に埋もれていた孝弘さんのからだは、たちまち引きあげられました。

驚いている間もなく、孝弘さんは、杖に導かれるまま、ものすごいスピードでくねくねとした山道を滑っていきました。まるでスキー板を装着しているようでした。

からだは浮遊しているように軽く感じられました。けれども夢を見ているような感じではなく、意識ははっきりしていました。孝弘さんは一本の杖に全身を預けたまま、「この老人は外国からの登山家なのだろうか、それともスキーの選手だったのだろうか」などと考えていました。

スピードはどんどん加速していくようでした。けれども「怖い」という感じはまったくなく、深い安心感に満たされていました。やがてそのスピードに、考える速度が追いつかなくなり、身も心も一つの酩酊《めいてい》状態となって、からだの芯から深い大自然の中に溶けていくような至福感に包まれました。

自分自身が白銀の世界を飛んでいく流星になったようでした。「僕は救われたんだ」という安心感と歓喜が身を貫きました。

そうして、はっと気がついたとき、目の前に小屋の明かりが見えました。それは紛れもなく自分が目指していた山小屋でした。

シトー会の修道士

老人に礼を言おうとして、孝弘さんは振り返りました。ところが、さっきまで自分を導いてくれていた老人の姿が見当たりません。

「もう山小屋の中に入っていったのかな」

孝弘さんは山小屋の戸を叩きました。中には五、六人の登山者がいました。そこにも、老人の姿はありませんでした。

登山者の一人が孝弘さんの顔を見て、「あなたとたしか、午前中にすれちがったと思うけど、今ごろようやく着いたのですか」と驚いている様子でした。

孝弘さんは自分が道に迷い、見知らぬ老人に助けられたことを話しました。

話しながら、孝弘さんは、自分が遭難し、死にかけていたところを老人に命を助けられたのだ、ということがよくわかりました。それにしても不思議なのは、小屋の前で老人が忽然《こつぜん》といなくなってしまったことです。

「この小屋に先に入ったのかと思ったのですが……。どなたか、白髪で痩せていて、長い法衣《ほうえ》のようなものを着た白人の老人を見かけませんでしたか」と、孝弘さんはそこにいた人びとに尋ねました。けれども、誰一人、そのような老人を見たことはないとのことでした。

中の一人が外へ出て、周辺を探しましたが、真夜中の雪山は凍《い》てつくように寒く、外を歩いている人などいるはずもありません。遭難しかけて、うとうとしていたときに、夢でも見たのではないか、と皆は口ぐちに言いました。

けれども孝弘さんは、夢なら自分が助かるわけがない、と思いました。それに手袋の上には、杖を握りしめていたときに擦《こす》られてできた、引《ひ》っ掻《か》いたような跡がまだしっかりと残っているのです。

以来、孝弘さんは、その夜のことがどうしても忘れられなくなりました。

あるとき、新聞を読んでいると、遭難した人をよく助けたというイギリスの修道会の記事が目に留まりました。

新聞に紹介されていたのは、十五世紀の初めのころに設立されたシトー会という修道会です。山の中の修道院で修行を積む修道士たちは、厳しい戒律を守りながら、困難に遭った人、苦しむ人を救うために、夜中まで祈りつづけていました。

その会は、人生を荒波に漂う船にたとえるなら、もっぱら難破《なんぱ》した人たちを救うことを使命としていたのです。ですから修道士たちは、その山で遭難した人を助けていたのでした。

孝弘さんは、その新聞に載っていた修道士の肖像画を眺めているうちに、そういえば自分を助けてくれた老人が着ていた服が、修道服に似ていたことを思い出しました。長い白髪も自分を救ってくれたあの老人にそっくりです。

孝弘さんは、どうしてもこの修道会のことが知りたくなり、会社の夏休みを利用して、イギリス旅行に出かけました。

五百年の歳月を超えた邂逅《かいこう》

ロンドンの北、人里離れた草深い山の中にシトー会の修道院の廃墟が残っていました。かつてイギリス国教会が独立したとき、カトリックの司祭や修道士たちは追放されました。この修道院にいたシトー会の人びともフランスやドイツに逃れ、この地は廃墟と化してしまったのでした。

半ば崩れかけた修道院の建物、修道士たちが夜を徹して祈りつづけた石のベンチなどが、当時の聖なる雰囲気を彷彿《ほうふつ》とさせます。

祈りの込められた空間にじっとたたずんでいた孝弘さんは、今まで一度も祈ったことなどなかったのに、自然に手を組み合わせて祈りはじめていました。そして、あの修道士に心の中で呼びかけました。

「あの山の中で私を救ってくれたのは、あなただったのですか。もしそうだったら、あなたの存在を教えてください」

そう祈りつづけていると、頭の中にふっと「博物館に行けばよい」という考えがひらめきました。孝弘さんは博物館があることなど知らなかったのですが、「そこへ行けばきっと大事なことがわかる」という確信が、啓示のように頭に浮かんだのです。

博物館は、廃墟のすぐそばにありました。孝弘さんは学芸員らしき男性に、山の遭難者をよく助けたという十五世紀の修道士のことを調べていると言うと、その男性は、奥から大きな古い本を出してきました。

その本の中には、何人ものシトー会の修道士の肖像画が収められていました。孝弘さんは、思わず声を上げました。ページをめくっていくうちに、あの老人の顔が現われたのです。それは全身が描かれた肖像画で、名前は記されていませんでした。

その絵を見たとき、孝弘さんは自分の確信が間違っていなかったことを知りました。肖像画の老人は、こげ茶色の修道服を着て、長い杖を手にしていたのです。長く伸ばした白髪も、品のある顔つきも、まったく同じでした。

「間違いない、僕を助けてくれたのはこの人です」

感激のあまり彼は博物館の学芸員の男性に向かって、慣れない英語でそう言いました。

するとその男性は、まったく驚いた様子もなく、にっこり笑って、

「ああ、あなたも出会われましたか」と言ったのです。

「シトー会の修道士たちは、いつも山に入って、遭難者を助けていたのです。そして今も助けているのです。あなたのような人が世界じゅうから何人もここへ訪ねてきましたよ。おもしろいことに皆同じことを言うんです。山で遭難したとき、この法衣をまとった修道士が現われて、長い杖の先を手に握らせて、ぱっと空を飛ぶように安全な場所まで導いてくれた。そして、すぐに消えてしまったと。あなたも助けられた一人なんですね」

孝弘さんは、その言葉に大きく頷《うなず》きました。

「やはり、あれは夢ではなかったんだ。僕と同じように修道士に導かれ、助けられた人が何人もいたんですね。わざわざイギリスまで来た甲斐がありました。これでやっと命の恩人にお礼が言えます」

彼は肖像画に向かって、ありがとうの言葉を何度も繰り返しました。そしてその男性と固く握手をして別れました。

博物館を出たあとも、孝弘さんはこの廃墟を去りがたく、しばらくそこにたたずんで

感慨にふけっていました。

「この山で日夜厳しい修行に励んだあの修道士は、山の本当の恐ろしさを知っていたことだろう。だからこそ夜を徹して人びとのために祈り、山で遭難した人たちを助けてきたんだ。そしてその彼の思いは、今も生きて、人を救済しつづけている。そんな素晴らしい力に、僕は救われたんだ」

耳を澄ますと、崩れかけた壁や柱から、真摯《しんし》に祈りつづける中世の修道士たちのつぶやきが聞こえてくるような気がしました。

初代教会のころから、たくさんの人たちが荒野へ行き、夜を徹して祈りつづけていたという、長い間カトリックの修道会の中にある伝統の意味が、私は孝弘さんの話を聞きながら、本当にわかったような気がしました。

「今も、臨終のときも祈りたまえ」――誰かがどこかで常に捧げている、この祈りの言葉は、世界中を駆けめぐり、必要な人のところへ祝福をもたらしていくのではないでしょうか。

「今、振り返ってみると、あの修道士は、死んでしまったあとも人のために尽くしながら、命はこうして永遠に繋がっている、ということを示してくれたような気がします」

孝弘さんは、そんな言葉で自分の思い出話を締めくくりました。

人びとを救いつづける永遠の命

中世の終わり、一人の修道士が人びとのために無心で捧げた祈りは、修道院が廃墟となった今も生きつづけ、世界の山々にまで響きつづけている。そして、必要なときには、昔と変わらぬ姿で、人を救いつづけている——。

このことが、けっして思い込みではないという確信を私たちに与えてくれる記録があります。

一九八三年、イギリスの医学雑誌『ブリティッシュ・メディカル・ジャーナル』誌に、イギリス人の医師、レックス・ガーナー氏が書いた記事です。

ガーナーは、人びとの祈りによって起きた現代と中世の二つの〝奇蹟〟の例を対比させて、報告しています。

現代の例は、ドイツの教会の修道女にまつわる話です。礼拝堂の建設をしている最中に、シスターの一人が流し込んだばかりのコンクリートの床を突きぬけて落下しました。病院に運ばれて、レントゲン写真を撮ったところ、骨盤が複雑骨折していました。

しかし、シスターたちは通常の医療には頼らず、夜を徹しての祈りを続けます。事故から二日後、シスターたちが祈りながら、骨折したシスターに手を当てると、その直後に彼女はベッドから起きあがり、二週間後には完全に治癒したという話です。

もう一つは、七世紀のイギリスの歴史家で神学者であるベーダが残した記録を採りあげています。ベーダは、キリスト生誕年の使用を普及させたことで有名な『イギリス国民の教会史』を記した人物です。

それは、イギリスのヘクサムという土地で、教会の建設中に起きた出来事です。ある石工《いしく》がかなりの高さから落下し、死を迎えようとしていました。

その土地の司教であった聖ウィルフリッドは、その石工に祈りを捧げ、ほかの作業者たちにも祈りに加わるように頼みます。彼らが一緒に祈ると、その石工の「生の息吹きが蘇り」、すみやかに回復していきました。他の人たちも祈るようになるまでは、何の治癒効果も現われなかったそうです。

ガーナーは、この二つの事例はともに、その場にいた全員の無意識のレベルで何らかの力がまとまり、その結果起こったものとは考えられないだろうかと指摘しています。シトー会の話を含め、これらのエピソードは、生きている私たちに、大きな希望をもたらしてくれます。

私は、人間は皆、無意識の奥深いところでは、互いに助け合いたいという本能を持っていると考えています。人と人は皆、見えない絆で結ばれていると思うのです。そして、孝弘さんのような体験談を聞くにつれ、その絆は生きている者同士だけでなく、死者と生きている者の間にも結ばれているのではないか、とさえ思えるのです。

先祖が子孫を守ってくれている、というのは、昔から日本人に馴染み深い考えです。死者たちは、たとえ杖を持って導いてくれることはなくても、見えないところで子孫を導き、無形の助けや恩恵をほどこしてくれているのです。

人の命は尽きても、愛する者を思いやる気持ちは、生きつづけるのでしょう。そしてシトー会の修道士のように、その思いが個人のレベルを超えて人類愛にまで広がったとき、時間も空間も、この世とあの世の境界さえも越えて、人知を超えた力となって現われるのかもしれません。

永遠の命とは、そんな愛に根ざした「思い」の〝つづれ織り〟のようなものではないでしょうか。

死者が送りつづける愛の波動――「あとがき」に代えて

「無条件の愛」のうちに生きるために

死者と出会い、死者からあたたかいメッセージを受け取った……。そのような特異な体験をした方たちの話を伺っているうちに、私は、この大宇宙には、死者と生きている人が交流するような、コミュニケーションを持ち得る世界が広がっていると確信するようになってきました。

死者たちは、私たちが人生でとらわれがちな「条件の部分」から離脱した時間の中、すなわち、「人間存在の源《みなもと》」ともいえるところに生きています。「条件の部分」とは、「もしもあなたが何かをしてくれたら、あなたを愛する」というように、見返りを求める愛、つまり、計算を働かせた行為です。

それに対して、「人間存在の源」は無条件の愛の世界で、一人ひとりの存在の尊さにもとづき、人をあるがままに受け入れ、無条件で人を愛し、愛されることができる、人の力を超える宇宙的な無限の愛の絆の世界です。

この無条件の愛に満ちている死者たちは、生きている私たちがそのことにまったく気がついていなくても、限りない慈《いつく》しみを与えています。たとえ、その人がエゴに凝り固まって孤立した生き方をしていても、また、悪に染まっておればなおさら、心をかけてくれるのです。弱い人、苦しんでいる人、助けの必要な人のすぐそばで、愛の波動を送りつづけています。

愛はこの世だけで終わってしまうのではなくて、深い愛で結ばれた人たちは、生死を超えて、その愛を伝え合い、愛によってお互いを生かし合う――そういった絆のようなものが、人間の根底にはあるのではないでしょうか。それを人びとに気づかせ、愛に目覚めさせるように、死者たちは私たちのもとを訪れるのかもしれません。そして、死者が何よりも私たちに望んでいるのは、生きている一人ひとりが次の点をはっきりと自覚して、生きることではないでしょうか。

一、あなたが生きているという事実は、自分でどう感じようと、あなたが人間を超える存在によって愛しぬかれていることの証しです。人は誰も自分の命を創り出すことはできません。人は、人間を超えたはからいによって、生かされているのです。「命」は、あなたに生命を与えていてくださる方の愛の証しです。

二、あなたは大宇宙の中で、他の人と代わることのできない、かけがえのない大切な存在です。

三、この世の使命は、愛を深めて成長することであり、互いに許し合い、互いを生かし合うことです。この世では、慈悲と愛によって成長するための叡智が最も大切です。

四、一人ひとりは、愛を伝え合うために、個性と仕事が与えられています。人類の一員として創造主の働きに協力して、地球を大切にし、命を発展させ、人類の歴史を作り上げる大きな仕事に参加しているのです。それは、あなたが今していることを、愛を動機にしてすることです。この大きな使命のため、あなたは生きている価値があり、意味があり、この地上に必要とされているのです。

五、起こってくるすべての出来事には意味があり、苦しみにはそれを乗り越える力と勇気と希望と導きと励ましが与えられています。

六、大宇宙はあなたの味方です。

「コミュニオン・ネットワーク」

「コミュニオン・ネットワーク」という輪が広がっています。今まで書いたようなことを、それぞれが置かれた立場で実践し、喜びと充足感を持って生きている人たちが、さらに、周囲の人たちに希望をもたらしているのです。

「コミュニオン」とは先に述べた、無条件の愛の絆のことです。「コミュニオン・ネットワーク」は、「人間存在の源」に立ち返り、無条件の愛のうちに一致と調和を目指します。自分の尊さ、命の尊さに目覚めた人たちの心のつながりです。そして、お互いに、愛と癒しを深め合います。このネットワークにあなたも結ばれるために、まず、次のようなことをしてみてください。

〔自分自身を大切にするために〕

一、朝のさわやかな時を思い浮かべます。

二、大きく深呼吸して、大宇宙から愛のエネルギーが、あなたのからだじゅうを満たしていくのを感じます。

三、明るく力に満ちている、自分のいちばん望ましい姿をイメージします。そして、すでにそのようになった自分を感じます。その自分の望ましいイメージに向かって、今、あなたを満たしている大宇宙からの愛のエネルギーを、吐く息に乗せて送ります。

〔愛に根ざした人間関係を築くために〕

一、大きく深呼吸して、大宇宙から愛のエネルギーが、あなたのからだじゅうを満たしていくのを感じます。

二、そのとき、あなたの心を占めている人が、素晴らしい人になっていると想像します。

三、あなたの中の無条件の愛の深みから、あなたが心を留めている人の愛の深みへ、あなたのからだを満たしている大宇宙からの愛のエネルギーを吐く息に乗せて送ります。

こうして、あなたの中の光の部分と、相手の光の部分を愛と調和で一致させるのです。これは、魂と魂の結びつきです。この愛のエネルギーは、相手がどこにいても、どんな状態でも届きます。いつのまにか、その人と素晴らしい人間関係が持てるようになっています。

このような生き方を選択したあなたを応援するために、「コミュニオン会」という集まりがあります。詳しくは、左記のＮＰＯコミュニオンのＨＰをご覧ください。

https://www.communion.ne.jp/

本書は平成八年（一九九六）十一月に刊行された『在すがごとく死者は語る』（クレスト社）を一部加筆・修正したものです。

著者略歴

鈴木秀子（すずき・ひでこ）

聖心会シスター・文学博士
東京大学大学院人文科学研究科博士課程修了。フランスとイタリアに留学。米国スタンフォード大学客員教授、聖心女子大学教授を経て、国際コミュニオン学会名誉会長。聖心会会員。修道院で８年間にわたる沈黙の行を経験し、長年、日々の瞑想を実践。教育活動のほか、ゲシュタルト・セラピーに従事、人々の悩みに向き合い、数多くの死にゆく人々を看取ってきた。日本に初めてエニアグラムを紹介し、以後、日本におけるエニアグラムの第一人者として高い評価を得ている。
著書に、『死にゆく者からの言葉』（文春文庫）『愛と癒しのコミュニオン』『心の対話者』（文春新書）『９つの性格』（PHP 文庫）『人はいつか死ぬのだから』（PHP）など多数。

悲しまないで、そして生きて　愛する死者からのメッセージ

2023年５月27日　初版発行

著　者　鈴木秀子

装　幀　長坂勇司（nagasaka design）

発行人　良本光明
編集人　良本和恵
発行所　株式会社グッドブックス
〒103-0023 東京都中央区日本橋本町２-３-６　協同ビル602
電話 03-6262-5422　FAX 03-6262-5423
https://good-books.co.jp

印刷・製本　精文堂印刷株式会社

ISBN978-4-907461-39-3